無序錄

무서록

이태준

차 례

벽   9

물   11

밤   13

조숙早熟   15

죽음   17

산   20

화단   23

파초芭蕉   27

발   31

돌   33

바다   36

성城   40

가을꽃   43

여명   46

고독　　48

내게는 왜 어머니가 없나?　　51

역사　　56

책　　60

누구를 위해 쓸 것인가　　63

평론가　　69

소설의 맛　　72

이성간 우정　　76

난　　82

야간비행　　85

필묵筆墨　　88

모방　　92

일분어一分語　　95

자연과 문헌　　98

작품애作品愛　　101

명제 기타命題其他　　106

남의 글　　111

그의 고난 앞에 경례한다　　115

병후病後　　118

묵죽과 신부　　127

수목　　131

매화　　136

고전　　140

목수들　　143

낚시질　　148

고완古翫　　154

고완품古翫品과 생활　　159

인사　　164

벽

 뉘 집에 가든지 좋은 벽면을 가진 방처럼 탐나는 것은 없다. 넓고 멀찍하고 광선이 간접으로 어리는, 물 속처럼 고요한 벽면, 그런 벽면에 낡은 그림 한 폭 걸어놓고 혼자 바라보고 앉아 있는 맛, 더러는 좋은 친구와 함께 바라보며 화제 없는 이야기로 날 어둡는 줄 모르는 맛, 그리고 가끔 다른 그림으로 갈아 걸어보는 맛, 좋은 벽은 얼마나 생활이, 인생이 의지할 수 있는 것일까!

 어제 K군이 입원을 하여 S병원에 가보았다. 새로 지은 병실, 이등실, 세 침대가 서로 좁지 않게 주르르 놓여 있고 앞에는 넓다란 벽면이 멀찌가니 떠 있었다. 간접광선인 데다 크림빛을 칠해 한없이 부드럽고 은은한 벽이었다.

　우리는 모두 좋은 벽이라 하였다. 그리고 아까운 벽이라 하였다. 그렇게 훌륭한 벽면에는 파리 하나 머물러 있지 않았다.

　다른 벽면도 그랬다. 한 군데는 문이 하나, 한 군데는 유리창이 하나 있을 뿐, 넓은 벽면들은 모두 여백인 채 사막처럼 비어 있었다. 병상에 누운 환자들은 그 사막 위에 피곤한 시선을 달리고 달리고 하다가는 머무를 곳이 없어 그만 눈을 감아버리곤 하였다.

　나는 감방의 벽면이 저러려니 생각되었다. 그리고 더구나 화가인 K군을 위해서 그 사막의 벽면에다 만년필의 잉크라도 한 줄기 뿌려놓고 싶었다.

　벽이 그립다.
　멀찍하고 은은한 벽면에 장정 낡은 옛 그림이나 한 폭 걸어놓고 그 아래 고요히 앉아보고 싶다. 배광背光이 없는 생활일수록 벽이 그리운가 보다.

물

나는 물을 보고 있다.

물은 아름답게 흘러간다.

흙 속에서 스며나와 흙 위에 흐르는 물, 그러나 흙물이 아니요 정한 유리그릇에 담긴 듯 진공 같은 물, 그런 물이 풀잎을 스치며 조각돌에 잔물결을 일으키며 푸른 하늘 아래에 즐겁게 노래하며 흘러가고 있다.

물은 아름답다. 흐르는 모양, 흐르는 소리도 아름답거니와 생각하면 이의 맑은 덕, 남의 더러움을 씻어 줄지언정, 남을 더럽힐 줄 모르는 어진 덕이 거기 있는 것이다. 이를 대할 때 얼마나 마음을 맑힐 수 있고 이를 사귀일 때 얼마나 몸을 깨끗이 할 수 있는 것인가!

물은 보면 즐겁기도 하다. 거기엔 언제든지 커다란 즐

거움이 있다. 여울을 만나 노래할 수 있는 것만이 즐거운 것은 아니다. 산과 산으로 가로막되 덤비는 일 없이 고요한 그대로 고이고 고이어 나중날 넘쳐 흘러가는 그 유유무언悠悠無言의 낙관樂觀, 얼마나 큰 즐거움인가! 독에 퍼넣으면 독 속에서, 땅 속 좁은 철관에 몰아넣으면 몰아넣는 그대로 능인자안能忍自安(참아낼 수 있으니 스스로 마음이 편안하다)한다.

  물은 성스럽다. 무심히 흐르되 어별魚鼈(물고기와 거북이)이 이의 품에 살고 논, 밭, 과수원이 이 무심한 이로 인해 윤택하다.

  물의 덕을 힘입지 않는 생물이 무엇인가!

  아름다운 물, 기쁜 물, 고마운 물, 지자智者 노자老子는 일찍 상선약수上善若水(최상의 선은 흐르는 물과 같다)라 하였다.

밤

 동경에서 조선으로 올 때면 늘 밤을 새삼스럽게 느끼곤 하였다.
 저기도 주야가 있지만 전등 없는 정거장을 지나보지 못하다가 부산을 떠나서부터는 가끔 불시정차하듯 캄캄한 곳에 차가 서기 때문이다. 무슨 고장인가 하고 내다보면 박쥐처럼 오락가락하는 역원들이 있고 한참 둘러보면 어느 끝에고 깜박깜박하는 남폿불도 보인다.
 밤, 어둠의 밤 그대로구나! 하고 밤의 사진이 아니라 밤의 실물을 느끼곤 하였다. 그리고 정말 고향에 돌아오는 것 같은 아늑함을 그 잠잠한 어두운 마을 속에서 품이 벌게 받는 듯하였다.
 "아이 정거장도 쓸쓸하긴 하이……."

하고 서글퍼하는 손님도 있지만 불 밝은 도시에서 지냈고 불투성이 정거장만 지나오면서 시달릴 대로 시달린 내 신경에는 그렇게 캄캄한 정거장에 머물러주는 것이 도리어 고마웠다. 훌륭한 산수山水 앞에 서주는 것만 못하지 않았다.

  그때부터 나는 불 없는 캄캄한 밤을 즐겨 버릇하였다. 그 후 동경 가서는 불 없이 노는 모임을 만들어 여러 친구와 다음날 해가 돌아오도록 긴 어둠을 즐겨본 일도 있다.

  밤이 오는 것은 날마다 보면서도 날마다 모르는 사이다. 그러기 때문에 낮에서부터 정좌하여 기다려도 본다. 닫힌 문을 그냥 들어서는 완연한 밤걸음이 있다. 벽에 걸린 사진에서 어머님 얼굴을 데려가 버리고 책상 위에 혼자 끝까지 눈을 크게 뜨던 꽃송이도 감겨 버리고 나중에는 나를 심산深山에 옮겨다 놓는다.

  그러면 나는 벌레 우는 소리를 만나고 이제 찾아올 꿈을 기다리고 그리고 이슥하여선 닭 우는 소리를 먼 마을에 듣기도 한다.

조숙 早熟

밭에 갔던 친구가,
"벌써 익은 게 하나 있네."
하고 배 한 알을 따다 준다.

이 배가 언제 따는 나무냐 물으니 서리 맞아야 따는 것이라 한다. 그런데 가다가 이렇게 미리 익어 떨어지는 것이 있다 한다.

먹어보니 보기처럼 맛도 좋지 못하다. 몸이 굳고 찝찝한 군물이 돌고 향기가 아무래도 맑지 못하다.

나는 이 군물이 도는 조숙한 열매를 맛보며 우연히 천재들이 생각났다. 일찍 깨닫고 일찍 죽는 그들의.

어떤 이는 천재들이 일찍 죽는 것을 슬퍼할 것이 아니라 했다. 천재는 더 오래 산다고 더 나올 것이 없게 그 짧은 생애에서라도 자기 천분天分의 절정을 숙명적으로 빨리 도달하는 것이라 하였다. 그러나 인생은 적어도 70, 80의 것이니 그것을 20, 30으로 달達하고 가리라고는 믿어지지 않는다.

오래 살고 싶다.
좋은 글을 써 보려면 공부도 공부려니와 오래 살아야 될 것 같다. 적어도 천명天命을 안다는 50에서부터 60, 70, 100에 이르기까지 그 총명, 고담枯淡의 노경老境 속에서 오래 살아보고 싶다. 그래서 인생의 깊은 가을을 지나 농익은 능금처럼 인생으로 한번 흠뻑 익어보고 싶은 것이다.

"인생은 즐겁다!"
"인생은 슬프다!"

어느 것이나 20, 30의 천재들이 흔히 써 놓은 말이다. 그러나 인생의 가을, 70, 80의 노경에 들어보지 못하고는 정말 '즐거움' 정말 '슬픔'은 모를 것 같지 않은가!
오래 살아 보고 싶은 새삼스런 욕망을 느낀다.

죽음

 그저께 아침, 우리 성북동에서는 이 봄에 들어 가장 아름다운 아침이었다. 진달래, 개나리가 집집의 울타리마다 웃음소리 치듯 피어 휘여지고 살구, 앵두가 그 뒤를 이어 봉오리들이 트는데, 또 참새들은 비 개인 맑은 아침인 것을 저이들만 아노라고 꽃숲에서 지저귀는데, 개울 건너 뉘집에선지 낭자한 곡성이 일어났다.

 오늘 아침, 집을 나오는 길에 보니, 개울 건너 그 울음소리 나던 집 앞에 영구차가 와 섰다. 개울 이쪽에는 남녀 여러 사람이 길을 막고 서서 죽은 사람 나가는 것을 바라보았다. 나도 한참 그 축에 끼어 서 있었다.
 그러나 나의 눈은 건너편보다 이쪽 구경꾼들에게 더

끌리었다. 주검을 바라 보며 죽음을 생각하는 그 얼굴들, 모두 검은 구름장 아래 선 것처럼 한겹의 그늘이 비껴 있었다. 그 중에도 한 사나이, 그는 일견에 '저 지경이 되고 살아날 수 있을까?' 하리만치 중해 보이는 병객이었다.

그는 힘줄이 고기뱉처럼 일어선 손으로 지팡이를 짚고 가만히 서서도 가쁜 숨을 몰아 쉬면서 억지로 미치는 듯한 무거운 시선을 영구차에 보내고 있었다. 나는 속으로 '옳지! 그대는 남의 일 같지 않겠구나!' 하고 측은히 그를 바라보았다. 그는 이내 눈치를 채였든지 나를 못마땅하게 한 번 힐끗 쳐다보고는 지팡이를 돌리어 다른 데로 비실비실 가버리었다.

그가 나에게 힐끗 던지는 눈은 비수처럼 날카로웠다. '너는 지냈니? 너는 안 죽을 테냐?' 하고 나에게 생의 환멸을 꼬드겨 놓는 것 같았다.

얼마 걷지 않아 영구차 편에서 곡성이 들려왔다. 그러나 고개를 넘는 길에는 새들만이 명랑하게 지저귀었다.
사람의 울음소리… 새들의 그것보다 얼마나 불유쾌한 소리인가!

죽음을 저다지 치사스럽게 울며불며 덤비는 것도 아마

사람밖에 없을 것이다. 죽음의 주위는 좀더 경건하였으면 싶었다.

산

소나무 아래서 동자에게 물었더니	松下問童子
스승은 약초 캐러 가셨다 하네	言師採藥去
이 산중에 가득한 것은 구름뿐이니	只在此山中
안개 구름 속에 어디를 찾으랴	雲深不知處

서당에서 아무 뜻도 모르고 읽었다. 차차 알아질수록 좋은 시경詩境이다.

산은 슬프다.

강원도는 워낙 큰 산이 많다. 철원 용담이란 촌에서 안협安峽 '모시울'이라는 촌까지 70리 길은 내가 열 살, 열한 살 때 여러 차례 걸은 길이다. 산협山峽길이라 산 넘어

물이요 물 건너 산인데다. 제일 큰 물 '더우내'를 건너서 올라가기 시작하는 '세수목' 고개는 올라가기 십리, 내려가기 십리의 큰 영嶺이다. 그 영을 나는 여름철에 혼자도 몇 번 넘어보았다.

하늘을 덮은 옹울胚鬱한 원생림原生林 속에서 저희끼리만 뜻있는 새소리도 길손의 마음에는 슬픈 소리요 바위 틈에 스며 흘러 한 방울 두 방울 지적거리는 샘물 소리도 혼자 쉬이며 듣기에는 눈물이었다. 더구나 산마루에 올라 천애天涯에 아득한 산갈피들이며 어웅한 벼랑 밑에 시퍼런 강물이 휘돌아가는 것을 볼 때 나는 어리었으나 길손의 슬픔에 사무쳐보았다.

산은 무섭다.
나는 원산 있을 때 어느 날 저녁, 길에서 사람들이 웅성거리는 소리를 듣고 자다 말고 나가 산불을 구경하였다.
그때 어른들의 말이 백 리도 더 되는 강원도 어느 산이라고 하는데 몇십 리 길이의 산마루가 불뱀이 되어 기고 있었다. 우지끈우지끈하고 집채 같은 나무통이 불에 감기어 쓰러지는 소리가 들리는 것처럼 바라보기에 처참스러웠다. 무서운 꿈 같았다.

산, 그는 산에만 있지 않았다. 평지에도 도시에도 얼마든지 있었다. 나를 가끔 외롭게 하고 슬프게 하고 힘들게 하는 모든 것은 일종의 산이었다.

화단

 찰찰하신 노주인이 조석으로 물을 준다, 거름을 준다, 손아孫兒들을 데리고 일삼아 공을 드리건마는 이러한 간호만으로는 병들어가는 화단을 어찌하지 못하였다.
 그 벌벌하고 탐스럽던 수국과 옥잠화의 넓은 잎사귀가 모두 누릇누릇하게 뜨기 시작하고 불에 덴 것처럼 부풀면서 말라들었다.
 "빗물이나 수돗물이나 물은 마찬가질 텐데……."
 물을 주고 날 때마다, 화단에서 어정거릴 때마다 노인은 자못 섭섭해 하였다.
 비가 왔다. 소나기라도 한 줄기 쏟아졌으면 하던 비가 사흘이나 순조로이 내리어 화분마다 맑은 물이 가득가득 고이었다.

노인은 비가 갠 화단 앞을 거닐며 몇 번이나 혼자 수군거리었다.

"그저 하늘물이라야…… 억조창생이 다 비를 맞아야……."

만지기만 하면 가을 가랑잎 소리가 날 것 같던 풀잎사귀들이 기적과 같이 소생하였다. 노랗게 뜸이 들었던 수국잎들이 시꺼멓게 약이 오르고 나오기도 전에 옴츠러지던 꽃봉오리들이 부르튼 듯 탐스럽게 열리었다. 노인은 기특하게 여기어 잎사귀마다 들여다보며 어루만지었다.

원래 서화를 좋아하는 어른으로 화초를 끔찍이 사랑하는 노인이라, 가만히 보면 그의 손이 가지 않은 나무가 없고 그의 공이 들지 않은 가지가 없다. 그 중에도 석류나무 같은 것은 철사를 사다 층층이 테를 두르고 곁가지 샛가지를 짜르기도 하고 휘어붙이기도 하여 사층나무도 되고 오층으로 된 나무도 있다. 장미는 홍예문같이 틀어 올린 것도 있고 복숭아나무는 무슨 비방으로 기른 것인지 키가 한 자도 못 되는 어린 나무에 열매가 도닥도닥 맺히었다. 노인은 가끔 안손님들까지 사랑마당으로 청하여 이것들을 구경시키었다. 구경하는 사람마다 희한해 했다.

그러나 다행히 이러한 화단이 우리 방 앞에 있음에도

불구하고 나는 한 번도 노주인의 재공才功을 치하하지 못한 것은 매우 서운한 일이라고 생각한다.

그가 있는 재주를 다 내어 기른 그 사층나무 오층나무의 석류보다도 나의 눈엔 오히려 한편 구석 응달 밑에서 주인의 일고지혜一顧之惠도 없이 되는 대로 성큼성큼 자라나는 봉선화 몇 떨기가 더 몇 배 아름답게 보이기 때문이다.

무럭무럭 넘치는 기운에 마음대로 뻗고 나가려는 가지가 그만 가위에 짤리우고 철사에 묶이어 채반처럼 뒤틀려 있는 것은 아무리 보아도 괴로운 꼴이다. 불구요 기형이요 재변이라 안 할 수 없다.

노인은 푸른 채반에 붉은 꽃송이를 늘어놓은 것 같다고 하나 우리의 무딘 눈으로는 도저히 그런 날카로운 감상을 즐길 수 없을 뿐 아니라 도리어 불유쾌를 느낄 뿐이었다.

자연은 신이다. 이름 없는 한 포기 작은 잡초에 이르기까지 신의 창조가 아닌 것이 없다. 신의 작품으로서 우리 인간이 손을 대지 않으면 안 될 만한 그러한 졸작, 그러한 미완품이 있을까? 이것은 생각만으로도 어리석은 일일 것이다.

우리는 자연을 파괴하고 불구되게 할 수는 있다. 그러나 그것을 창조하거나 개작할 재주는 없을 것이다.

파초 芭蕉

 작년 봄에 이웃에서 파초 한 그루를 사왔다. 얻어온 것도 두어 뿌리 있었지만 모두 어미뿌리에서 새로 찢어낸 것들로 앉아서나 들여다볼 만한 키들이요 "요게 언제 자라서 키 큰 내가 들어설 만치 그늘이 지나!" 생각할 때는 적이 한심하였다.
 그래 지나다닐 때마다 눈을 빼앗기던 이웃집 큰 파초를 그예 사오고야 만 것이었다.
 워낙 크기도 했지만 파초는 소 선지가 제일 좋은 거름이란 말을 듣고 선지는 물론이요 생선 씻은 물, 깻묵물 같은 것을 틈틈이 주었더니 작년 당년으로 성북동에선 제일 큰 파초가 되었고, 올봄에는 새끼를 다섯이나 뜯어내었다. 그런 것이 올여름에도 그냥 그 기운으로 장차게

자라 지금은 아마 제일 높은 가지는 열두 자도 훨씬 더 넘을 만치 지붕과 함께 솟아서 퍼런 공중에 드리웠다. 지나는 사람마다 "이렇게 큰 파초는 처음 봤군!" 하고 우러러보는 것이다. 나는 그 밑에 의자를 놓고 가끔 남국의 정조情調를 명상한다.

파초는 언제 보아도 좋은 화초다. 폭염 아래서도 그의 푸르고 싱그러운 그늘은, 눈을 씻어줌이 물보다 더 서늘한 것이며 비오는 날 다른 화초들은 입을 다문 듯 우울할 때 파초만은 은은히 빗방울을 퉁기어 주렴珠簾 안에 누웠으되 듣는 이의 마음에까지 비를 뿌리고도 남는다. 가슴에 비가 뿌리되 옷은 젖지 않는 그 서늘함, 파초를 가꾸는 이 비를 기다림이 여기 있을 것이다.

오늘 앞집 사람이 일찍 찾아와 보자 하였다. 나가니
"거 저 큰 파초 파십시오"
한다.
"팔다니요?"
"저거 이젠 팔아버리셔야 합니다. 저렇게 꽃이 나온 건 다 큰 표시예요, 내년엔 영락없이 죽습니다. 그건 제가 많이 당해본 걸입쇼"
한다.

"죽을 때 죽더라도 보는 날까진 봐야지 않소?"

"그까짓 인제 두어 달 더 보자구 그냥 두세요? 지금 팔면 올핸 파초가 세가 나 저렇게 큰 건 오 원도 더 받습니다…… 누가 마침 큰 걸 하나 구한다니 그까짓 슬쩍 팔아 버리시죠."

생각하면 고마운 말이다. 이왕 죽을 것을 가지고 돈이라도 한 오 원 만들어 쓰라는 말이다.

그러나 나는 마음이 얼른 쏠리지 않는다.

"그까짓거 팔아 뭘 허우."

"아 오 원쯤 받으셔서 미닫이에 비 뿌리지 않게 챙이나 해 다시죠."

그는 내가 서재를 짓고 챙을 해 달지 않는다고 자기 일처럼 성화하던 사람이다.

나는, 챙을 하면 파초에 비 맞는 소리가 안 들린다고 몇 번 설명하였으나 그는 종시 객쩍은 소리로밖에 안 들리는 모양이었다.

그는 오늘 오후에도 다시 한 번 와서

"거 지금 좋은 작자가 있는뎁쇼……"

하고 입맛을 다시었다.

정말 파초가 꽃이 피면 열대지방과 달라 한 번 말랐다가는 다시 소생하지 못할는지도 모른다. 그러나 내 마당에서, 아니 내 방 미닫이 앞에서 나와 두 여름을 났고 이제 그 발육이 절정에 올라 꽃이 핀 것이다. 얼마나 영광스러운 일인가! 그가 한 번 꽃을 피웠으니 죽은들 어떠리! 하물며 한마당 수북하게 새순이 솟아오름에랴!

소를 길러 일을 시키고 늙으면 팔고 사간 사람이 잡으면 그 고기를 사다 먹고 하는 우리의 습관이라, 이제 죽을 운명에 있는 파초니 오 원이라도 받고 팔아준다는 사람이 그 혼자 드러나게 모진 사람은 아니다. 그러나 무심코 바람에 너울거리는 파초를 보고 그 눈으로 그 사람의 눈을 볼 때 나는 내 눈이 뜨거웠다.

"어서 가슈. 그리구 올가을엔 움이나 작년보다 더 깊숙하게 파주슈."

"참 딱하십니다."

그는 입맛을 다시며 돌아갔다.

발

 아퍼 누웠으니 성한 사람들의 오가는 발들이 이상스레 보인다. 그 눈도 코도 없는 다섯 대가리가 한 몸에 붙은 것이 성큼성큼 다니는 것은 어찌 보면 처음 만나는 무슨 괴물 같기도 하다.
 그리고 저렇게 보기 싫게 생긴 것이 사람의 발인가!도 생각된다.
 발은 정말 사람의 어느 부분보다도 보기 싫게 생겼다. 아무리 미인이라도 그의 발은 그의 얼굴만 못할 것이요, 또 손이나 가슴이나 허리나 다리만도 못할 것이다. 사람의 발만은 확실히 잘 생기지 못했다. 발에 있어선 짐승의 것만 못한 것 같다. 개를 보아도 발은 그의 얼굴보다 훨씬 잘생겼다. 불국사에 있는 석사자石獅子를 보아도 발은 그의 어느 부분보다 더 보기 좋았다.

 생각하면 사람의 발은 못 생긴 것뿐 아니라 가장 천시를 받는 것도 그것이다.

 나도 그렇지만 아내를 보아도 제일 아끼지 않고 다스리지 않는 것이 발이다. 그래서 몸 가운데 제일 나이 많이 먹어 보이는 부분이 먼저 발이 된다. 힘줄이 두드러진 것, 주름살이 굵은 것, 발은 손보다도 훨씬 먼저 늙는다.
 그러나 다시 생각하면 발은 얼마나 고마운 것이랴! 눈이나 입처럼 그다지 아쉬운 것은 아닐는지 모르나 언제든지 제일 낮은 곳에서 제일 힘들여 모든 것을 받들고 서고 또 다닌다.
 차라리 눈보다 입보다 더 몇 배 고마운 것이 발이다. 어떤 때는 돌뿌리를 차고, 어떤 때는 가시나 그루에 찔리고, 찬물에, 풀숲에, 늘 먼저 들어서며 뱀에게도 먼저 물리는 것이 저 발이 아닌가!

돌

 지난밤에 찬비를 맞으며 돌아온 우산이다. 아침에 나와 보니 거죽에 조그만 나뭇잎 두엇이 아직 젖은 채 붙어 있다.
 아마 문간에 선 대추나무 가지를 스치고 들어온 때문이리라.
 그러나 스친다고 나뭇잎이 왜 떨어지랴 하고 보니 벌써 누릇누릇 익은 낙엽이 아닌가!

 가을! 젖은 우산이 자리에서 나온 손엔 얼음처럼 찬 아침이다.
 뜰에 내려 화단 앞에 서니 화단에도 구석구석에 낙엽이 보인다. 어쩐지 앵두나무가 꺼칠해졌고 살구나무도 끝가장귀들만 푸른 빛이 흔들릴 뿐, 굵은 가지들은 엉성하게 줄거리만 드러났다.

낙엽이 놓여 그런지, 눈에 선뜻 화단도 파리해졌다. 틈틈이 올려 솟는 잡초를 거의 날마다 한 움큼씩 뽑아 주었는데 그것을 잊은 지 며칠 동안 화단은 상큼하니 야웨졌구나!

우썩우썩 자라던 힘이 한밤에 정지한 듯, 빛 낡은 꽃송이들은 씨를 물고 수그렸고 살 내린 가지 밑에는 벌레 소리만이 어지럽다.

과꽃과 코스모스가 아직 앞날을 보이나, 그들의 꽃은 워낙 가을 손님, 추풍秋風과 함께 설렁설렁 필 것이었다. 그러나 그들도 잠깐이려니 생각하면 가을꽃의 신세는 피기도 전에 서글프다.

오래 볼 것이 무엇인가?
화단을 아무리 둘러보아야 눈에 머무름이 없다. 어느새 웅긋중긋 올려 솟는 것은 단을 모은 돌멩이밖에.

돌! 나는 다시 마루로 올라와 아침 찬비에 젖는 잡석을 내려다본다. 그리고 좀더 돌에 애착하지 못했던 것이 적이 부끄러워도 진다.

동양화의 석수도石壽圖가 생각난다. 또 동양의 선비들이 돌 석石 자를 사랑하여 호號에까지 흔히 석 자를 가진 것도 생각난다.

그것은 돌의 그 묵직하고 편안하고 항구한 성품을 동경한 때문이리라. 생각하면 돌은 동양인의 놀라운 발견이다. 돌을 그리고 돌을 바라보고 이름까지 즐겨 돌로 부른 동양 예술가들의 심경은, 찰나적인 육체에 붙들린 서양인의 그것에 비겨 얼마나 차이 있는 존경함인가!

돌!

가을 아침 우연히 비 맞는 잡석을 보며 돌을 사랑한 우리 선인들의 청담고박清淡枯朴한 심경을 사모하다.

바다

바다!

바다를 못 본 사람도 있다.

작년 여름에 갑산 화전지대에 갔을 때, 거기의 한 노인더러 바다를 보았느냐 물으니 못 보고 늙었노라 하였다. 자기만 아니라 그 동리 사람들은 거의 다 못 보았고 못 본 채 죽으리라 하였다. 그리고 옆에 있던 한 소년이 바다가 뭐냐고 물었다. 바다는 물이 많이 고여서, 아주 한없이 많이 고여서 하늘과 물이 맞닿은 데라고 하였더니 그 소년은 눈이 뚱그레지며

"바다? 바다!"

하고 그윽이 눈을 감았다. 그 소년의 감은 눈은 세상에서 넓고 크기로 제일 가는 것을 상상해 보는 듯하였다.

내가 만일 아직껏 바다를 보지 못하고 '바다'라는 말만 듣는다면 '바다'라는 것이 어떠한 것으로 상상될까? 빛은 어떻고 넓기는 어떻고 보기는 어떻고, 무슨 소리가 날 것으로 상상이 될꼬? 모르긴 하지만 흥미 있는 상상일 것이다. 그리고 '바다'라는 어감에서 무한히 큰 것을 느낄 것은 퍽 자연스러운 감정이라 생각도 된다.

한번 어느 자리에서 시인 지용은 말하기를 바다도 조선말 '바다'가 제일이라 하였다. '우미ぅみ'니 '씨Sea'니 보다는 '바다'가 훨씬 큰 것, 넓은 것을 가리키는 맛이 나는데, 그 까닭은 '바'나 '다'가 모두 경탄음인 '아'이기 때문, 즉 '아아'이기 때문이라 하였다. 동감이다. '우미'라거나 '씨'라면 바다 전체보다 바다에 뜬 섬 하나나 배 하나를 가리키는 말쯤밖에 안 들리나 '바다'라면 바다 전체뿐 아니라 바다를 덮은 하늘까지라도 총칭하는 말같이 크고 둥글고 넓게 울리는 소리다.

바다여
너를 가장 훌륭한 소리로 부를 줄 아는 우리에게 마땅히 예禮가 있으라.

지구의를 놓고 보면 육지보다는 수면이 훨씬 더 많다.

지구地球가 아니라 수구水球라야 더 적절한 명칭일 것 같다. 사람들이 육지에 산다고 저희 생각만 해서 지구라 했나보다. 사람이 어족이었다면 물론 수구였을 것이요, 육대주라는 것도 한낱 새나 울고 꽃이나 피었다 지는 무인절도無人絕島들이었을 것이다. 여기다 포대砲臺를 쌓는 자 누구였으랴. 오직 〈별주부전〉의 세계였을 것을.

벌써 8월! 파도 소리 그립다. 파도 소리뿐인가 하면 그렇지도 않다. 이국처녀들처럼 저희끼리만 지껄이되 일종의 연정이 가는 갈매기 소리들, 이동하는 '파이프 오르간', 기선의 기적들, 그리고
"언제 여기 오셨세요? 얼마 동안 계십니까? 산보하실까요?"
오래간만에 만나는 사람들, 전차에서나 '오피스'에서 만날 때보다 모두 활발한 소리들.
저녁이면 슬픈 데도 바다다. 파도 소리에 재워지는 밤엔 흔히 꿈이 많았다. 꿈이 다시 파도 소리에 깨워지는 아침, 멀리 피곤한 기선은 고동만 틀고.

우리의 육안이 가장 먼 데를 감각하는 데도 바다다. 구름은 뭉게뭉게 이상향의 성곽처럼 피어오르고 물결은 번

질번질 살진 말처럼 달리는데

"허! 어떻게 가만히 서만 있는가?"

뛰어들어 비어飛魚가 되자. 셔츠라도 벗어 깃발을 날리자. 쨍쨍한 모래밭 새 발자국 하나 나지 않은, 새로 탄생한 사막의 미美! 뛰고 또 뛰고…….

"오—"

"어—"

"아—"

소리쳐도, 암만 기운껏 소리쳐도 파도 소리에 묻혀 그 거친 목소리 부끄러울 리 없도다.

바다는 영원히 희랍希臘으로 즐겁다.

성城

아침마다 안마당에 올라가 칫솔에 치약을 묻혀 들고 돌아서면 으레 눈은 건너편 산마루에 끌리게 된다. 산마루에는 산봉우리 생긴 대로 울멍줄멍 성벽이 솟기도 하고 떨어지기도 하여 있다. 솟은 성벽은 아침이 첫 화살을 쏘는 과녁으로 성북동의 광명은 이 산상山上의 옛 성벽으로부터 퍼져 내려오는 것이다. 한참 쳐다보노라면 성벽에 드리운 소나무 그림자도, 성돌 하나하나 사이도 빤히 드러난다. 내 칫솔은 내 이를 닦다가 성돌 틈을 닦다가 하는 착각에 더러 놀란다. 그러다가 찬물에 씻은 눈으로 다시 한 번 바라보면 성벽은 역시 아침햇살보다는 석양의 배경으로 더 아름다울 수 있는 것을 느끼곤 한다.

저녁에 보는 성곽은 확실히 일취이상一趣以上의 것(한

번의 홍취 이상의 것)이 있다. 풍수에 그을린 화강암의 성벽은 연기 어린 듯 자욱한데 그 반허리를 끊어 비낀 석양은 햇빛이 아니라 고대 미술품을 비추는 환등빛인 것이다.

나는 저녁 먹기가 아직 이른 때면 가끔 집으로 바로 오지 않고 성城 터진 고개에서 백악순성로百岳巡城路를 한참씩 올라간다.

성벽에 뿌리를 박고 자란 소나무도 길이 넘는 것이 있다. 바람에 날려온 솔씨였을 것이다. 바람은 그 전에도 솔씨를 날렸으련만 그 전에는 나는 대로 뽑아버렸을 것이다. 지금에 자란 솔들은 이 성이 무용물이 된 뒤에 난 것들일 것이다. 돌로 뿌리를 박고 돌로 맞벽을 쳐올려 쌓은 성, 돌, 돌, 모래 헤이듯 해야 할 돌들, 이 돌 수효처럼 동원되었을 그때 백성들을 생각한다면 성자성민야城者盛民也(저기 축성된 성이 바로 수많은 백성 그것이로다)라 한 말과 같이 과거 문화물 중에 성처럼 전 국민의 힘으로 된 것은 없을 것 같다.

팔도강산 방방곡곡에서 모여든, 방방곡곡의 방언들이 얼마나 이 산 속에 소란했을 것이며 돌 다듬는 정소리와 목도 소린들 얼마나 귀가 아팠을 것인가.

그러나 이제 귀를 밝히면 들려오는 것은 솔바람 소리와 산새 소리뿐, 눈을 들어 찾아보면 비치는 것은 다람쥐나 바쁘고 구름만이 지나갈 뿐, 허물어져 내린 성돌엔 앉아 들으나 서서 보나 다른 것은 아무것도 없는 것이다.

  멀리 떨어지는 석양은 성머리에 닿아선 불처럼 붉다. 구불구불 산등성이로 달려 올라간 성곽은 머리마다 타는 것이, 어렸을 때 자다말고 나와 본 산불의 윤곽처럼 무시무시하기도 하다. 그러나 그도 잠시 꺼지는 석양일 뿐 아무것도 아니다. 고요히 바라보면 지나가는 건 그저 바람이요 구름뿐이다. 있긴 있으면서 아무것도 없는 것, 그런 것은 생각하면 이런 옛 성만도 아닐 것이다.

가을꽃

 미닫이에 불벌레 와 부딪는 소리가 째릉째릉 울린다. 장마 치른 창호지가 요즘 며칠 새 팽팽히 켱겨진 것이다. 이제 틈나는 대로 미닫이 새로 바를 것이 즐겁다.

 미닫이를 아이 때는 종이로만 바르지 않았다. 녹비鹿皮 끈 손잡이 옆에 과꽃과 국화와 맨드라미 잎을 뜯어다 꽃 모양으로 둘러놓고 될 수 있는 대로 투명한 백지로 바르던 생각이 난다. 달이나 썩 밝은 밤이면 밤에도 우련히 붉어지는 미닫이의 꽃을 바라보면서 그것으로 긴 가을밤 꿈의 실마리를 삼는 수도 없지 않았다.

 과꽃은 가을이 올 때 피고 국화는 가을이 갈 때 이운다. 피고 지는 데는 선후가 있되 다 마찬가지 가을꽃이다.

가을꽃, 남들은 이미 황금 열매에 머리를 숙여 영화로울 때, 이제 뒷산머리에 서릿발을 쳐다보면서 겨우 봉오리가 트는 것은 처녀로 치면 혼기가 훨씬 늦은 셈이다. 한恨되는 표정, 그래서 건강한 때도 이윽히 들여다보면 한 가닥 감상이 사르르 피어오른다.

감상이긴 코스모스가 더하다. 외래화外來花여서 그런지 그는 늘 먼 곳을 발돋움하며 그리움에 피고 진다. 그의 앞에 서면 언제든지 영녀취미슈女趣味의 슬픈 로맨스가 쓰고 싶어진다.

과꽃은 흔히 마당에 피고 키가 낮아 아이들이 잘 꺾는다. 단추구멍에도 꽂고 입에도 물고 달아 달아 부르던 생각은, 밤이 긴 데 못 이겨서만 나는 생각은 아니리라.

차차 나이에 무게를 느낄수록 다시 보이곤 하는 것은 그래도 국화다. 국화라면 으레 진처사晉處士(벼슬 않고 초야에 묻혀사는 선비)를 쳐드는 것도 싫다. 고완품古翫品이 아닌 것을 문헌치레만 시키는 것은 그의 이슬 머금은 생기를 빼앗는 짓이 된다.

요즘 전발電髮(고데머리)처럼 너무 인공적으로 피는 전람회용 국화도 싫다. 장독대나 울타리 밑에 피는 재래종의 황국이 좋고 분에 피었더라도 서투른 선비의 손에서 핀, 떡잎이 좀 붙은 것이라야 가을다워 좋고 자연스러워 좋다.

 국화는 사군자의 하나다. 그 맑은 향기를, 찬 가을공기를 기다려 우리에게 주는 것이 고맙고, 그 수묵필水墨筆로 주욱쭉 그을 수 있는 가지와, 수묵 그대로든지, 고작 누른 물감 한 점으로도 종이 위에 생운生韻을 떨치는 간소한 색채의 꽃이니 빗물 어룽진 가난한 서재에도 놓아 어울려서 더욱 고맙다.

 국화를 위해서는 가을밤도 길지 못하다. 꽃이 이울기를 못 기다려 물이 언다. 윗목에 들여놓고 덧문을 닫으면 방 안은 더욱 향기롭고 품지는 못하되 꽃과 더불어 누울 수 있는 것, 가을밤의 호사다. 나와 국화뿐이려니 하면 귀뚜리란 놈이 화분에 묻어 들어왔다가 울어대는 것도 싫지는 않다.

 가을꽃들은 아지랑이와 새소리를 모른다. 찬 달빛과 늙은 벌레 소리에 피고 지는 것이 그들의 슬픔이요 또한 명예이다.

여명 黎明

우리는 불국사에서 긴긴 여름날이 어서 지기를 기다렸다. 더웁기도 하려니와 처음 뵈입는 석불을, 낮에도 밤에도 말고 여명 속에 떠오르심을 뵈이려 함이었다. 밤길 토함산을 올라 석굴암에 닿았을 때는 자정이 가까웠다. 암자에서 석굴은 지척이지만 우리는 굳이 궁금한 채 목침을 베었다.

산의 고요함은 엄숙한 경지였고 잠이 깊이 들지 못함은 소리 없는 여명을 놓칠까 함이었다. 우리들은 보송보송한 채 스님보다도 먼저 일어나 하늘이 트기를 기다렸다.

하늘이 튼다는 것은 끔찍한 일이었다. 사람으로는 모래알만큼 적어서 기다리고나 있어야 할 거대한 탄생이었다. 몇만 리 긴 성에 화광火光이 뜨듯 동해 언저리가 병짓이 금이 도는 듯하더니 은하색 광채가 번져오르기 시작하는 것이다.

　우리는 스님을 앞세우고 조심조심 석굴로 올라왔다. 석굴은 아직 어두웠다. 무시무시하여 우리는 도리어 주춤거려 물러섰다. 아무도 무어라고 지껄이지 못하였다. 이윽고 공단 같은 짙은 어둠 위에 뿌연 환영의 드러나심, 그 부드러운 돌빛, 그 부드러우면서도 육중하신 어깨와 팔과 손길 놓으심, 쳐다보는 순간마다 분명히 알리시는 미소, 전신이 여명에 쪼여지실 때는, 이제 막 하강하신 듯, 자리잡는 옷자락 소리 아직 풍기시는 듯.

　어둠은 둘레둘레 빠져나간다. 보살들의 드리운 옷주름이 그어지고 도톰도톰 뺨과 손등들이 드러나고 멀리 앞산 기슭에서는 산새들이 둥지를 떠나 날아나간다. 산등성이들이 생선가시 같다. 동해는 아직 첩첩한 구름갈피 속이다. 그 속에서 한 송이 연꽃처럼 여명의 영주領主가 떠오르는 것이었다.

고독

댕그렁!

가끔 처마 끝에서 풍경이 울린다.

가까우면서도 먼 소리는 풍경 소리다. 소리는 그것만 아니다. 산에서 마당에서 방에서 벌레 소리들이 비처럼 온다.

벌레 소리! 우는 소릴까! 우는 것으로 너무 맑은 소리! 쏴— 바람도 지난다. 풍경이 또 울린다.

나는 등을 바라본다. 눈이 아프다. 이런 밤엔 돋우고 낮추고 할 수 있어 귀여운 동물처럼 애무할 수 있는 남폿불이었으면.

지금 내 옆에는 세 사람이 잔다. 아내와 두 아기다. 그들이 있거니 하고 돌아보니 그들의 숨소리가 인다.

아내의 숨소리, 제일 크다. 아기들의 숨소리, 하나는 들리지도 않는다. 이들의 숨소리는 모두 다르다. 지금 섬돌 위에 놓여 있을 이들의 세 신발이 모두 다른 것과 같이 이들의 숨소리는 모두 한 가지가 아니다. 모두 다른 이 숨소리들을 모두 다를 이들의 발소리들과 같이 지금 모두 저대로 다른 세계를 걸음 걷고 있는 것이다. 이들의 꿈도 모두 그럴 것이다.

나는 무엇을 하고 무엇을 생각하고 앉았는가?

자는 아내를 깨워볼까 자는 아기들을 깨워볼까 이들을 깨우기만 하면 이 외로움은 물러갈 것인가?

인생의 외로움은 아내가 없는 데, 아기가 없는 데 그치는 것일까. 아내와 아기가 옆에 있되 멀리 친구를 생각하는 것도 인생의 외로움이요, 오래 그리던 친구를 만났으되 그 친구가 도리어 귀찮음도 인생의 외로움일 것이다.

고요한 밤 산가에 일어나 앉아 말이 없네
山堂靜夜坐無言
쓸쓸하고 적막한 것이 본래 자연의 모습이러니
寥寥寂寂本自然

얼마나 쓸쓸한가!

무섭긴들 한가!

무섭더라도 우리는 결국 이 요요적적寥寥寂寂에 돌아가야 할 것 아닌가!

내게는 왜 어머니가 없나?

 생각하면 나는 상냥스런 아이는 아니었다. 그랬기에 아홉 살이 나고도 어머니를 잃어버리는 그 큰 슬픔을 감각하지 못하였지, 어른들이 상주 노릇하라고 찾으러 다니는 것만 싫어서 숨어 다니며 놀았다. 밤에는 할 수 없이 집에 있었으나 울기는 고사하고 새로 잡은 돼지 오줌통으로 북을 메워 가지고 두드렸다.
 "이 녀석아 가만이나 앉았거라."
 어른들이 틈틈이 윽박질렀다. 모두 아침부터 울기만 하는 큰 누이와 이웃집 할머니에게 업혀 자는 세 살 나는 누이동생만 귀여워하는 것 같았다.
 나는 괜히 어머니가 죽어 나만 귀찮게 구는 것 같이 심술이 나곤 했다.

그 후에도 어머니의 죽음은 늘 나를 귀찮게만 해주는 것 같았다.

"에그 불쌍해라. 어미까지 마저 잃구……."

고향에 오니 할머니 되는 어른, 할아버지 되는 어른, 전에 어머니 친구들, 아버지 친구들 만나는 족족 내 머리를 쓰다듬으며 이런 말을 했다. 어떤 분은 나이도 묻고 어떤 분은 '사탕 사먹어' 하고 돈푼도 주었다.

그러나 그때 나는 이런 어른들처럼 만나기 싫은 사람은 없었다. 여러 사람 앞에 불쌍하다 하며 돈푼이나 주는 것은 나의 의기를 여간 눌러 놓는 것이 아니었다. 나로서는 큰 무안과 수치를 느끼곤 했다. 그래서 어머니의 죽음은 나를 귀찮게만 구는 것 같아서 어머니가 애틋하게 그립기보다는 원망스러운 편이었다.

그러다가 어머니를 생각하고 처음 울기는 열네 살 되는 해 봄이었다. 소학교를 졸업하는 날이었다. 그날 졸업식장에서는 내가 제일 빛나는 아이였다. 우등을 한 아이도 나뿐이요, 상장을 타고 답사를 하는 아이도 나뿐이었다. 나는 제일 빛나는 졸업생이었다.

그러나 졸업식이 끝난 뒤 졸업장과 상장과 상품을 안고 구경시킬 이도 없는 일가집 사랑 웃방에 돌아와 혼자 문을 닫고 앉을 때 나는 한없이 쓸쓸하였다. 그날 처음

'나에겐 왜 어머니가 없나?' 하고 울었다. 종일 울었다.

그때 상급학교라고는 으레 농업학교로 갈 줄만 알았다. 동무들은 모두 입학원서를 얻어다 쓰는데 나는 구경만 하는 수밖에 없었다. 그들이 한없이 부러웠다. 그러나 입학금과 책값을 달랄 사람이나 보증인에 도장을 찍어 달랄 사람이 없었다. 그렇다고 나뭇짐이나 지고 다른 아이들이 학교 가는 것을 바라보기만 하기는 싫었다. 그때 나에겐 어머니가 돌아가셨더라도 어머니의 혼령은 나를 보호해 주시려니 나를 잘 되게 해 주시려니 하는 믿음이 어디선가 들리기 시작했다. 그래서 잘되어 보려 고향을 떠났던 것이다.

그 후부터는 가끔 어머니 생각이 났다. 길을 가다 객주집에 들러 피곤한 다리를 쉬일 때 그집 안 부엌에서 나오는 저녁 짓는 그릇소리에도 문득 '내 집'과 '내 어머니'가 그립곤 했다.

서울서 중학을 다닐 때도 방학하는 날 동무들은 모두 짐을 싸며 집에 돌아가는 즐거움에 취할 때 나만은 술취한 사람 틈에 혼자 술 안 먹은 사람처럼 맨숭맨숭이 고독을 느끼곤 했다. 어떤 때 동무들의 하숙에 갔다가 그들이 집에서 보낸 것이라고 내어 놓은 엿조각이나 과일을 씹을 때에도 나는 속으로 어머니 생각과 함께 그것을 삼키곤 했다. 최근에는 혼인하던 날 제일 많이 어머니를 생각했다.

일본의 시인 이시카와 타쿠보쿠石川啄木는 늙은 어머니를 업어보고 그 너무 가벼움에 애처로워 세 걸음을 옮기지 못하였노라 하였다.

나는 차라리 타쿠보쿠의 그 경우가 부럽다.

우리 어머니는 나를 새옷을 입혀내어 보낼 때마다 외할머니더러

"어머니 이젠 꽤 컸지?"

하시면서 아비 없는 이 외아들이 커가는 것만 대견하여 내 키를 다시금 더듬어 보시었다.

그것을 생각할 때마다 나는 '오늘 이렇게 큰 내 키를 어머니께서 보실 수 있다면!' 하고 안타까워진다. 이렇게 건장한 어깨로 낙엽 같으시나마 늙은 어머니를 한 번 업어드렸으면 하는 것이 소원이다.

지금은 나도 한 살림을 이룩하였다.

두 살 나는 딸에게 '아버지?' 하고 물으면 나를 가리키고 '어머닌?' 하고 물으면 저의 엄마를 가리킨다. 그리고 '할머니는?' 하면 으레 턱을 쳐들고 사진틀을 가리킨다.

요즘은 어머니로보다 집안의 웃어른, 아이들의 할머니로서 그 분의 그리움이 새삼스러워지는 것이다.

〈신가정〉 1932. 5

역사

 어제가 없다면 오늘이 이처럼 새로울 수 없다. 어제를 망각하고 오늘에만 의식이 있다면 거기는 암매暗昧한 동물만이 존재할 것이다. 사람은 어제 때문에 받는 구속이 물론 크고 무겁다. 그러나 어제 때문에 받는 궤도와 이상理想은 한 아름다운 샘물로서, 크게는 대하로서, 인생의 먼 바다를 찬란히 흐를 수 있는 것이다.

 앞이 막힐 때 우리는 아직껏 걸어온 뒷길을 돌아보는 것은 너무나 수신교과서적인 교훈이다. 사실 우리는 좀 더 역사를 읽고 역사를 쓰고 해야할 때다. 노신魯迅은 청년들에게 동양책보다 서양책 읽기를 권했다. 서양책은 동양 것보다 좀더 독자들을 움직여 놓는다는 것이다. 좀

더 동양인은 더욱 청년은 움직여야겠다는 것이다. 언즉시야言則是也다. 그러나 나는 서양책보다는 우리의 책을 먼저 읽되 역사를 읽으라 하고 싶다. 역사는 대개 인물의 전기가 중심이 되어 있다. 사적을 남길 만한 인물치고 동적 아닌 인물이 별로 없다. 실제 인물의 생활이요 실제 사회의 사태였던 만큼 박력迫力은 물론 심각하다. 청년교양에 제일과第一課는 역사라야 할 것을 주장한다.

과거를 기록한 문헌이라고 해서 다 역사가 아닐 것이다. 역사의 문제는 여기에 있다. 십인십색十人十色의 파한기류破閑記類들은 정말 역사의 성립을 위한 소재들에 불과하다. 투찰력이 강한 사안史眼을 가진 역사학자의 손에서 만취일수萬取一收된 연후에 정곡正鵠을 얻는 해석이 첨부된 것이라야 위지謂之 역사자歷史者일 것이다. 한 조각의 문헌을 새로 발견했다 해서, 조그마한 술어 하나에 새 고증考證을 가질 수 있다 해서 발표욕에 작약雀躍할 것은 아니다.

요즘 '역사소설'이란 말이 있다. 퍽 애매한 말로 가끔 작자와 사가史家들을 미로에 이끈다. 인물이거나 사건이거나 역사의 것을 소설화한 것이 역사소설임은 사실인데 소설화시키는 그 태도가 문제인 것이다. 소설은 사건보다 먼저 인물에 있다. 사건이란 인물에 소유되는 것이기 때문이다. 그러므로 작가가 역사에서 찾을 것은 먼저 인물이다. 역사를 소설체로 강의하자는 것이 소설이 아니다. 어떤 인물의 사생활을 찾아 읽기 좋은 전기를 쓰자는 것도 소설은 아니다. 소설은 오직 한 인물을 발굴해서 문헌이 착색해주는 대로 그 인물의 성격 하나를 포착할 뿐이다. 성격만 붙잡으면 그 성격으로써 가능하게, 자연스럽게는 얼마든지 문헌에 있고, 없고, 틀리고, 안 틀리고 간에 행동시킬 수 있는 것이다. 그것이 소설이다. 그것이 소설이란, 강의나 전기가 아니라 창작이라고 지칭하는 이유다. 그러므로 역사에서 나온 인물은 한 인물이되, 열 작가면 열 작품으로 나타날 것이다. 거기에 예술의 무한한 가능성이 있는 것이다. 역사 그것으로 그친다면, 학문으로 그친다면 문헌에 매여야 하고 고증에 국한되어야 한다. 그러나 작가는 창작가다. 학자와는 달라 문헌에 대한 의무가 없는 것이다. 의무가 없다기보다 문헌을 신용하지 않는 것이다. 역사란 학문은 문헌의 정리다. 소설은 인물의 발견이다. 발견이되 어디까지 자기류의 발견이다. 그 인물의 진실한 그 당시의 현실을 찾기에는 모든 문헌은 너무나 표현이 비구체적인 것이다. 게다가 조선실록 같은 것은 예외요 모두 무책임한 인상기印象記가 거의 전부다. 황진이에 대한 문헌도 십인십색이다. 모두 황진이는 보지도 못하고 죽은 지 오랜 뒤에 전하는 말이 흥미가 있으니까 제 흥미 정도에서 적은 것이다. 이런 기록을 덮어놓고 암송해가지고 이 소설은 역사와 틀리느니 안 틀리느니 하는 것은 역사의 예과생豫科生이다. 더욱 예술에 있어선 영원히 문외한이다.

  소설가는 역사의 해설자는 아니다. 영화가 문학의 삽화가 아닌 것을 깨닫고 순수한 영화도映畵道에로 진취하듯, 소설은 역사의 해설이 아닌 것을 소설가 자신은 물론 역사가, 독자, 모두 다 크게 깨달아야 할 것은 이미 때늦은 잠꼬대다.

  그러므로 역사소설이라도 소설일진대, 그 비평이 문예평론가의 영역에 있을 것이지 사가史家나 학자의 평론권 내에 던져질 바가 아닌 것이다.

  최근에 역사소설이라 해서 사가나 학자의 입장에서 감연히 소설에 주필誅筆을 휘두름을 본다. 우리는 그 자신의 희극으로밖에 더 찬상讚賞할 수 없는 것이다.

  역사란 아름다운 인류의 강물이다. 좀더 정확하고 좀더 구체적이고 좀더 아름다운 기록이 얼마나 필요한 것일까.

책

　책冊만은 '책'보다 '冊'으로 쓰고 싶다. '책'보다 '冊'이 더 아름답고 더 '책'답다.

　책은, 읽는 것인가? 보는 것인가? 어루만지는 것인가? 하면 다 되는 것이 책이다. 책은 읽기만 하는 것이라면 그건 책에게 너무 가혹하고 원시적인 평가다. 의복이나 주택은 보온만을 위한 세기世紀는 벌써 아니다. 육체를 위해서도 이미 그렇거든 하물며 감정의, 정신의, 사상의 의복이요 주택인 책에 있어서랴! 책은 한껏 아름다워라. 그대는 인공으로 된 모든 문화물 가운데 꽃이요 천사요 또한 제왕이기 때문이다.

　물질 이상인 것이 책이다. 한 표정 고운 소녀와 같이,

한 그윽한 눈매를 보이는 젊은 미망인처럼 매력은 가지가지다. 신간란에서 새로 뽑을 수 있는 잉크 냄새 새로운 것은, 소녀라고 해서 어찌 다 그다지 신선하고 상냥스러우랴! 고서점에서 먼지를 털고 겨드랑 땀내 같은 것을 풍기는 것들은 자못 미망인다운 함축미인 것이다.

서점에서 나는 늘 급진파다. 우선 소유하고 본다. 정류장에 나와 포장지를 끄르고 전차에 올라 첫페이지를 읽어보는 맛, 전찻길이 멀수록 복되다. 집에 갖다 한번 그들 사이에 던져버리는 날은 그제는 잠이나 오지 않는 날 밤에야 그의 존재를 깨닫는 심히 박정한 주인이 된다.

가끔 책을 빌리러 오는 친구가 있다. 나는 적이 질투를 느낀다. 흔히는 첫 한두 페이지밖에는 읽지 못하고 둔 책이기 때문이다. 그가 나에게 속삭여 주려던 아름다운 긴 이야기를 다른 사나이에게 먼저 해버리기 때문이다. 가면 여러 날 뒤에, 나는 아주 까맣게 잊어버렸을 때 그는 한껏 피로해져서 초라해져서 돌아오는 것이다. 친구는 고맙다는 말만으로 물러가지 않고 그를 평가까지 하는 것이다. 나는 그런 경우에 그 책에 대하여는 전혀 흥미를 잃어버리는 수가 많다.

빌려 나간 책은 영원히 '노라'가 되어버리는 것도 있다.

이러는 나도 남의 책을 가끔 빌려온다. 약속한 기간을 넘긴 것도 몇 권 있다. 그러기에 책은 빌리는 사람도 도적이요 빌려주는 사람도 도적이란 서적 논리가 따로 있는 것이다. 일생에 천 권을 빌려보고 999권을 돌려보내고 죽는다면 그는 최우등의 성적이다. 그러나 남은 한 권 때문에 도적은 도적이다. 책을 남에게 빌려만 주고 저는 남의 것을 한 권도 빌리지 않기란 천 권에서 999권을 돌려보내기보다 더 어려운 일이다. 그러므로 빌리는 자나 빌려주는 자나 책에 있어서는 다 도적됨을 면치 못한다.

그러나 책은 역시 빌려야 한다. 진리와 예술을 감금해서는 안 된다.

그러나 책은 물질 이상이다. 영양令孃이나 귀부인을 초대한 듯 결코 땀이나 때가 묻은 손을 대어서는 실례다. 책은 세수를 할 줄 모르는 미인이다.

책에만은 나는 봉건적인 여성관이다. 너무 건강해선 무거워 안 된다. 가볍고 얄팍하고 뚜껑도 예전 능화지菱華紙처럼 부드러워 한 손에 말아 쥐고 누워서도 읽기 좋기를 탐낸다. 그러나 덮어놓으면 떠들리거나 구김살이 잡히지 않고 이내 고요히 제 태態로 돌아가는 인종忍從이 있기를 바란다고 할까.

누구를 위해 쓸 것인가

 우리는 며칠 전에 김유정金裕貞, 이상李箱 두 고우故友를 위해 추도회를 열었다. 세속적인 모든 것을 비웃던 그들이라 그런 의식을 갖긴 도리어 미안스러웠으나 스노비즘을 벗지 못한 남은 친구들은 하루 저녁의 그런 형식이나마 밟지 않고는 너무 섭섭해서였다.
 생각하면 우리 문단이 있어온 후 가장 슬픈 의식이라 할 수 있다. 한 사람을 잃는 것도 아픈 일인데 한번에 두 사람씩, 두 사람이라도 다같이 그 존재가 귀중하던 사람들, 그들이 한번에 떠나버림은 우리 문단이 빨리 가실 수 없는 상처라 하겠다. 최초의 작품부터 자약自若한 일가풍一家風을 가졌고 소설을 쓰는 것이 운명인 것처럼 만난萬難과 싸우며 독실일로篤實一路이던 유정, 재기며 패기며

산매와 같이 표일飄逸하던 이상, 그들은 가지런히 선두를 뛰던 가장 빛나는 선수들이었다.

이제 그들을 보내고 그들이 남긴 작품만을 음미할 때 같은 길을 걷는 이 벗의 가슴에 적이 자극됨이 한두 가지가 아니다.

최근 수삼 년 내에 우리 문학은 괄목할 만치 자랐다 하겠다. 내가 읽은 범위 내에서도 유정의 〈봄봄〉, 이상의 〈날개〉와 〈권태〉, 최명익崔明翊의 〈비 오는 길〉, 김동리金東里의 〈무녀도巫女圖〉, 이선희李善熙의 〈계산서〉, 정비석鄭飛石의 〈성황당〉이다. 그 전에 보지 못하던 찬연한 작품들이다. 군데군데 거친 데가 있으면서도 대체로는 과거의 다른 신인들이나 또 어느 기성작가들의 초년작에서는 찾을 수 없는 쾌작快作들이었다. 신인들이 이만한 작품을 내어던지면 기성들은 신문소설에서는 별문제거니와 아직 전통예술의 무대인 단편계에서는 섣불리 붓을 잡을 용기가 없을 것이다. 통쾌한 일이다.

문단의 자리는 임자가 없다. 좋은 작품을 쓰는 이의 자리다. 흔히 지방에 있는 신진들은 자기의 지반이 중앙에 없음을 탄한다. 약자의 비명이다. 김동리는 경주, 최명익은 평양, 정비석은 평북에 있되 빛난다. 예술가는 별과 같아서 나타나는 그 자리가 곧 성좌星座의 일부분이다.

중앙의 우선권은 잡문에 밖에 없는 것이다. 잡문을 많이 써야 되는 것은 중앙인들의 차라리 불행이다. 잡문에 묻혀 썩는 사람들이 중앙이기 때문에 얼마나 많은지 멀리서 바라보라.

내가 여기서 쓰고 싶은 말은 이런 것은 아니다. 유정과 이상을 바라보며 또 이상以上의 신인들을 생각하며 공통적으로 내가 느껴진 바는 그들의 자신自信이다. 사회는 우리에게 무엇을 요구하는가? 대중은? 물론 이것을 생각하여야 한다. 이상과 같은 사람은 전혀 이런 것은 불문에 부친 것 같기도 하다. 그러나 얼른 그러했으리라고 단정하는 것은 경솔이다. 이 점을 이상처럼 고민한 사람도 적을 줄 안다. 다만 대중의 노예가 안 된 것뿐이다. 만일 이상이 자신에게서 사회의식성이 그 아닌 것보다 더 승勝할 수 있는 성격을 진단했다면 그는 누구보다도 불꽃이 튀는 의식작품을 써냈을는지 모른다.

먼저 자신을 알면 모든 일에 있어 현명한 일이다. 작품은 개인의 뿌리에서 피는 꽃이다. 평론가는 여론에 무서움을 탈 경우가 많으리라. 그러나 작가에겐 여론이 어찌지 못할 것이다. 자기를 한번 정확하게 진단한 이상은 자기의 것을 자기의 투로 써서 천하에 떳떳이 내어놓을 것이다. 이상의 작가들에게서 그 떳떳함을 느낄 수 있는 것이 나는 무엇보다 즐거운 일이다. 목전에는 독자가 적어도 좋다. 아니 한 사람도 없어도 슬플 것이 없다. 그 고독은 그 작가의 운명이요 또 사명이다. 고독하되, 불리하되, 자연이 준 자기만을 완성해 나가는 것은 정치가나 실업가는 가져 보지 못하는 예술가만의 영광인 것이다.

모파상의 시대에도 여론의 침해가 작가들에게 심했던 모양으로 모파상은 그의 어느 단편 서문에 이런 뜻의 말을 써놓았다.

……독자는 여러 가지 사람들이다. 따라서 가지 가지로 요구한다.

나를 즐겁게 해 달라

나를 슬프게 해 달라

나를 감동시켜 달라

나에게 공상을 일으켜 달라

나를 포복절도抱腹絶倒케 하여 달라

나를 전율케 하여 달라

나를 사색하게 하여 달라

나를 위로해 달라

그리고 소수의 독자만이 당신 자신의 기질에 맞는 최선의 형식으로 무엇이든지 아름다운 것을 지어 달라 할 것이다.

우리 예술가는 최후의 요구, 이 독자의 요구를 들어 시험하기에 노력해야 한다. 그리고 비평가는 이 시험을 분석하고 그 결과를 평가해야 한다. 사상적 경향에 관해서는 용훼容喙할 권리가 없다. 혹은 시적 작품을, 혹은 사실적 작품을 이렇게 자기의 기질에 맞는 대로 씀에 간섭을 못할 것이다. 간섭을 한다면 그것은 작가의 기질을 무리로 변조시키는 짓이요 그의 독창을 막는 짓이요 자연이 그에게만 준 그의 눈과 그의 재질의 사용을 금하는 짓이 된다.

모파상의 이 말은 오늘 우리에게도 그대로 독본적讀本的인 어구이다. 무릇 소수의 그 독자, '당신 자신의 기질에 맞는 최선의 형식으로 무엇이든지 아름다운 것을 지어달라'는 그 독자를 향하여 우리는 붓을 들 것이다. 그 외의 독자는 천이든 만이든 우리에겐 우상일 뿐이다. 얼른 생각하면 대중을 무시하는 것도 같다. 그러나 무시가 아니요 우대도 아니다. 정당일 뿐이다. '민족을 위해서 합네' '대중을 위해서 합네'란 말처럼 대중이 이해하기 쉬운 말은 없다. 대다수가 지지할 수 있는 표제表題라 절대의 권력을 잡을 수 있는, 가장 관작官爵과 같은 말이다.

소수를 위해서 쓴다는 말은 얼마나 내세우기 불리한가, 그래서 겁내는 작가가 많은 것이다. 대중을 향해서도 문학이면 문학이 아닐 리가 없다. 그쪽에 소질 없는 사람이 사조思潮라 해서 문예를 철학처럼 쓰는 사람이 많다. 그것은 결국 문학의 본질의 한 귀퉁이를 촉각할 때 변하고 만다. 같은 달음질이라도 백미터와 천미터와 또 마라톤이 다를 것이다. 마라톤이 인기 있다 하여 백미터에 적당한 자기의 체질을 무시하고 마라톤에 나서면 거기에 남는 것은 무엇인가? 유정이나 이상은 다 자기체질에 맞는 종목을 띤 사람이다. 그래서 그들 작품에는 자신이 있다.

 기질에 맞는 것을 쓴 작가에게는 상식 혹은 개념 이상의 창조가 있다. 그러나 기질에 맞지 않는 것을 쓴 작가에게는 기껏해야 상식이요 개념 정도다. 종교는 윤리학이기보다는 차라리 미신이기를 주장한다. 문학은 사상이기보다는 차라리 감정이기를 주장해야 할 것이, 철학이 아니라 예술인 소이所以다. 감정이란 사상 이전의 사상이다. 이미 상식화된, 학문화된 사상은 철학의 것이요, 문학의 것은 아니다.

평론가

 요즘 작가와 평론가의 사이가 꽤 문제가 되는 모양인데 사실 따지고 보면 그 사이가 좋지 못하다는 것도 그다지 걱정거리는 아닌 것이다. 서로 인격 문제만 아닌 한에서는 맞서 나가는 것이 오히려 자연스럽지 않을까. 문단처럼 개성과 개성이 대립하는 사회는 없을 것이다. 작가와 작가의 사이도 충돌이 없을 수 없다. 평론가와 평론가 사이도 그렇다. 하물며 그 서는 위치부터가 대립하는 작가와 평론가의 사이에 있어서랴. 피차에 진실하여 상대방을 작품이든, 작가이든 정확하게만 인식하고는 얼마든지 부딪쳐볼 것이다. 그것은 결코 개인으로나 문단으로나 불상사는커녕 성사盛事의 하나다.
 우리는 작품으로나 작가로나 얼마든지 비평이 되어 좋

다. 한 작품을 써놓을 때마다 그 작품의 정당한 가격을 알고 싶은 것은 누구보다도 그 작자 자신이다.

공정한 평안자評眼者만 있다면 어찌하여 그에게 작품 보이기를 두려워할 것인가?

내가 불안을 갖는 평자는 작품을 가능성이 무한한 감성으로 느끼려 하지 않고 다만 고정된 개념만으로 정리하는 평자다. 그것도 톨스토이나 프랑스의 대부분의 작품처럼 논리성의 작품이라면 모르나 현대의 소설일수록 비논리성인 것을 아는 현대의 문학인이면 그런 필기장식 筆記帳式 비평의 우愚는 스스로 담임擔任을 피할 것이다.

평자들이 소설에 대한 준비지식으로 읽은 이론을 하물며 작자들이 안 읽을 리 없다. 그만 교양은 작자에게도 있으려니 여겨 마땅하거늘 너희가 어디서 이런 방법론이나 이론을 보았겠느냐는 듯이 사뭇 소설작법식으로 덤비는 평가評家가 더러 있다. 나는 우리 작가들에게 말한다. 평가자에게서 비로소 작법이나 방법론을 배워가지고 소설을 쓰려는 그 따위 게으르고 무지한 자라면 빨리 작가의 위치에서 물러나야 할 것이다. 이론은 알되 이론대로 못 되는 것도 작품이요, 이론의 표본적인 작품일수록 좋은 작품이 아닌 경우도 더 많기 때문에 고의로 이론을 무시해야 되는 것도 소설이다. 소설의 산실은 원칙적으로 비밀인 것이다. 그리고 아무리 신인이라도 그는 제1작을 내어놓기 위해서 적어도 1, 2편 많으면 기십 편의 습작을 거친 사람들이다. 이론의 등대燈臺가 미치지 못하는 더 멀고 깊은 바다에서 천파만파千波萬波와 싸운 사람들이다. 그런데 이미 그들도 읽고 난 유행 사조思潮나 방법론 따위를 좀 읽어가지고 그들의 힘들여 쓴 작품을 가벼운 논리만으로 정리해 버리려는데 어째서 분노가 없을 것인가?

  작가의 욕심으로는, 평론가는,

  첫째 창작에 다소 경험자일 것,

  둘째 인생관에 남의 것도 존중하는 신사일 것,

  셋째 개념보다는 감성에 천재이기를 바라는 것이다.

소설의 맛

 소설을 읽는 데 무슨 법이 있을 리 없다. 그러나 수박과 같은 단순한 과실을 먹는 데도 겉핥기란 말이 있다. 잘못 읽으면 소설은 겉도 제대로 핥지 못하는 경우가 있을 것이다.
 그 소설을 원만히 이해하거나 음미하는 데 누구의 말을 듣는 것이 가장 첩경일까. 얼른 생각하면 그 소설의 작자일 것 같고 일류 비평가일 것도 같다. 그러나 모두 나 자신(독자)으로 보는 것만 못하다. 작자란 자기작품일수록 어둡다. 작자가 주의시키는 대로만 읽으면 그 소설의 결점을 모르게 되고 또 작자도 의식하지 못한 장점을 발견할 수도 없고, 크게는 그 작자 이상으로 문학에의 견식을 높일 수도 없을 것이다. 독자의 대변자라 볼 수 있는 평론가로 결국 민중의 총화는 아니요 그도 그의 지성 그의 감성에 국한된 개인으로의 존재라 그로서만 보는 각도가 있고 그로서만 진찰하는 전문적 기술이 있다. 사람을 사귀는 데 반드시 관상술이나 의학이 필요치 않듯이 독서로서는 그런 전문적 식견은 오히려 무미건조에 빠질 위험성만 있을지 모른다.

그러면 어떻게 소설을 읽을 것인가? 나는 간단히 한 가지 주의할 사실을 지적하려 한다. 소설도 다른 모든 예술과 함께 '표현'이라는 점이다.

주인공의 운명이 어떻게 될까? 이 사건의 결말이 어떻게 떨어질까? 이런 것은 다음 문제로 돌려도 좋다. 그런 것은 다 읽기만 하면 결국 알고 말 사실이다. 읽어 내려가면서 맛보고 즐기고 할 현대소설의 중요한 일면이 있는 것을 알아야 한다.

밀레의 '만종' 같은 그림은 내용뿐이다. 젊은 부부가 종소리의 황혼을 배경으로 순결한 생활을 감사하는 극적인 내용 본위의 그림이기 때문에 대중이 알기 쉽고 즐기기 쉬운 그림이다. 그러나 고흐의 '해바라기' 같은 그림은 내용이란 해바라기꽃 몇 송이를 병에 꽂아 놓은 것뿐이다. 아무 극적인 것이 없다. 그래 일반 대중은 그 그림의 맛을 모른다. 그러나 명화로 치는 그림이다. 고흐가

해바라기를 어떻게 보았나? 어떻게 표현했나? 그 선과 그 색조에 고흐의 개성 눈과 고흐의 개성 솜씨가 있는 것이다.

소설도 그것이 있다. 내용에만 소설의 전부가 있는 것은 아니다. 교양 수준이 일률적으로 높아 가는 현대인은 너무나 똑같은 사람들이 많다. 그래서 무엇이나 자기의 존재를 드러내려면 개성을 강조하지 않을 수 없게 되었고 또 개성과 개성의 교제처럼 현대인의 생활 발전에 필요한 것은 없다. 소설작가도 많아졌다. 모두 똑같은 작가들이라면 무의미하다. 자기 색채를 의식적으로 강조하는 작가가 자꾸 늘어가고 있고 그들의 독특한 일가풍이 아닌 게 아니라 과거소설에서 맛볼 수 없는 맛을 낸다. 이 맛이란 흔히 그의 눈과 손에 달려 있는 것이다.

인생을 소설로 다루는 작가의 솜씨를 맛볼 줄 알아야 현대소설을 완전히 음미하는 것이라 할 것이다. 물론 내용이란 엄연한 존재다. 그것을 무시하는 것은 소설의 위기다. 그림은 선과 색채만 있으면 그림으로 의미가 있을지 모르나 소설은 내용이 없으면 그냥 문자일 뿐이다.

'그 내용에 그 형식'이 소설의 이상이다. 내용이 형식에 승勝해도 병이요, 형식이 내용에 승勝해도 병이다. 내용만 맛보아도 잘못 읽는 것이요 형식만 맛보아도 못 읽는 것이다. 그런데 대다수의 독자는 내용만을 맛볼 줄밖에 모르니까 소설도 표현이라는 점에 특히 주의를 하라는 것이다. 표현에 무관심하고는 그 소설에서 작자가 가장 애쓴 것의 하나를 완전히 모르고 나갈 수밖에 없을 것이다.

이성간 우정

아는 정도가 같다면 남자를 만나는 것보다 여자를 만나는 것이 우리 남성은 늘 더 신선하다. 왜 그런지 설명을 길게 할 필요는 없지만 얼른 생각나는 것은 동성끼리는 서로 너무나 같기 때문인 듯하다. 다른 데가 너무 없다. 입는 것도 같고, 말소리도 같고, 걸음걸이도 같고, 붙이는 수작도 거의 한 인쇄물이요, 나중에 그의 감정이 은근히 이성을 그리는 것까지 같아버린다. 동일물의 복수複數, 그것은 늘 단조하다.

남자에게 있어 여자처럼 최대, 그리고 최적의 상이물相異物은 없다. 같은 조선 복색이되 우리 남자에게 있어 여자 의복은 완전히 이국복異國服이다. 우리가 팔 하나 끼어볼 수 없도록 완전한 이국복이다. 같은 조선어이되 우리 남자에게 있어 여자들의 말소리는 또한 먼 거리의 이국어異國語다. 뜻만 서로 통할 뿐, 우리 넥타이를 맨 성대에서는 죽어도 나오지 않는 소리다. 우리가 처음 이성을 알 때, 그 이성에게 같은 농도의 이국감을, 어느 외국인에게서 느꼈을 것인가.

우리에게 여성은 완전한 이국異國이다. 사막에 흑인과 사자만이 사는 그런 이국은 아니다. 훨씬 아름다운, 기름진, 향기로운 화원의 절도絶島인 것이다. 오롯한 동경의 낙토인 것이다. 이 절도에의 동경을 견디다 못 해 서툰 수영법으로 바다에 뛰어드는 '로빈슨 크루소'들이 시정市井엔 얼마나 많은 것인가.

다른 것끼리가 늘 즐겁다. 돌멩이라도 다른 것끼리는 어느 모서리로든지 마찰이 된다. 마찰에서 열이 생기고 불이 일고 타고 하는 것은 물리학으로만 진리가 아니다. 이성끼리는 쉽사리 열이 생길 수 있다. 쉽사리 탄다. 동성끼리는 돌이던 것이 이성끼리는 곧잘 석탄이 될 수 있다. 남자끼리의 십 년 정보다 이성끼리의 일 년 정이 더 도수를 올릴 수 있는 것은 석탄화 작용에서일 것이다. 타는 것은 맹목적이기 쉽다. 아무리 우정이라 할지라도 불이 일기 전까지이지 한번 한 끝이 타기 시작하면 우정은 그야말로 오유烏有가 되고 만다. 그는 내 누이야요, 그는 내 오빠로 정한 이야요 하고 곧잘 우정인 것을 공인을 얻으려고 노력까지 하다가도, 어느 틈에 실화失火를 해서 우애友愛는 그만 화재를 당하고 보험들었다 타오듯 하는 것은 부부이기가 일수一手임을 나는 허다하게 구경한다.

우정이란 정情보다도 의리의 것이다. 부자간의 천륜보다도 더 강할 수 있는 것이 우정이다. 인류의 도덕 가운데 가장 아름답고 완고할 수 있는 것이 우정이다. 이런 굉장한 것을 부작용이 그렇게 많은 청춘 남녀끼리 건축해 나가기에는 너무나 벅찬 것이 사실이다.

한 우정을 구성하기에 남자와 여자는 적당한 대수對手들이 아니다. 우정보다는 연정에 천연적으로 적재適材들이다. 주택을 위해 마련된 재목으로 사원을 짓는 곤란일 것이다.

구태여 이성간에 우정을 맺을 필요가 없다. 절로 맺어지면 모르거니와 매력이 있다 해서 우정을 계획할 것은 아니다. 매력이 있는데 우정으로 사귀는 것은 가면이다. 우정은 연정의 유충幼蟲은 아니다. 연정 이전 상태가 우정이라면 흔히 그런 경우가 많지만은, 그것은 우정의 유린이다. 우정도 정이요, 연정도 정이다. 종이 한 겹을 나와서는 우정과 연정은 그냥 포옹해버릴 수 있는 동혈형同 血型이다. 사실 동성간의, 더욱 여성간의 우정이란, 생리적으로 불화일 뿐, 감정적으로는 거의 부부상태인 것이 많다. 그러기에 특히 정에 예리한 그들은 친하던 동무가 이성과 연애를 하거나, 결혼을 하면 감정상 여간 큰 타격을 받는 것이 아니다.

그것은 벌써 우정의 경계선을 돌파한 이후인 증거다. 그러기에 동성연애란 명사까지 생긴다. 우정에게 있어 연정은 영구한 적이다.

결혼으로 말미암아 파괴되는 우정은 여성간의 우정뿐 아니다. 남성간에는 별무한 편이나 남자와 여자간에는 더 노골적인 편이다. 여자끼리는 결혼 당시에만 결혼 안 하는 한편이 슬퍼할 뿐, 교양 정도에 따라서는 이내 그 우정은 부활할 수 있고, 도리어 과거의 우정에서 불순했던 것을 청산해서 우정은 영구히 우정으로 정화되는 좋은 찬스가 되기도 한다. 그러나 이성간의 우정은 한편이 결혼 후에 부활되거나 나아가 정화되는 것이란 극히 희귀하다.

그러니까 이성간에는 애초부터 연정의 혼색이 없이 순백한 우정이란 발생되기가 어려울 것이다. 아직 우리 사회에서는 어떤 처소에서나 동성끼리 접촉하기가 더 편리하다. 편리한 데서 굳이 고개를 돌려 불편한 이성교제를 맺는 것부터 그 불편리에 대가代價될 만한 무엇이 있기 때문이다. 그것은 이성간에 본질적으로 있는 매력이다. 매력은 곧 미美다. 인체에서 육체적으로나 심령적으로나 미를 발견함은 우정의 단서가 되기보다는 연정의 단서가 되기에 더 적절하다. 그런데 연애관계는 우정관계보다 훨씬 채색적이다. 인기人氣와 물론物論이 높아진다. 거기서 대담한 사람끼리는 연애라는 최단거리를 취하고 소심한 사람끼리는 최장거리의 우정 코스로 몰리는 듯하다.

아무튼 이성간에 평범한 지면知面 정도라면 몰라도 우정이라고까지 특히 지목할 만한 관계라면, 그것은 일종 연정의 기형아로밖에는 볼 수 없을 듯하다. 기형아이기 때문에 이성간의 우정은 늘 감상感傷이 붙는다. 늘 일보 전에 비밀지대를 바라보는 듯한, 남은 한 페이지를 읽다 그치고 덮어놓는 듯한, 의부진意不盡한 데가 남는다. 우정 건축에 부적한 원료들이기 때문이다. 그 일보 전의 비밀지대, 못다 읽고 덮는 듯한 최후의 페이지, 그것은 피차의 인격보다도 오히려 환경의 지배를 더 받을 것이다. 한부모를 가진 한피의 남매간이 아닌 이상, 제삼자의 시력이 닿지 않는 환경에 단둘이 오래 있어 보라. 그 우정은 부부

이상의 것에라도, 있기만 한다면 돌진하고 남을 것이다.

현대 생활은 이성간의 교제가 날로 빈번해진다. 부녀자가 동쪽에서 나타난다고 눈을 서쪽으로 돌이킬 수는 없는 시대다. 그 대신 본질적으로 우정 원료가 아닌 남녀끼리 우정을 계획할 필요는 없다. 알게 되면 요즘 문자로 명랑히 사교할 뿐, 특히 우정이라고 지목될 데까지 깊은 인연을 도모할 바 아니요 또 그다지 서로 매력을 견딜 수 없으면 가장을 할 것 없이 정정당당히 연애를 정당한 방법에 의해 행동할 것이다.

그러나 이성간의 우정을 절대로 부정함은 아니다. 적당한 원료는 아닐망정 집안과 집안 관계로, 혹은 단 두 사람의 사적관계로도 또는 연령상 서로 현격한 차이로, 수미여일首尾如一한(시작과 끝이 같은) 우정이 생존하지 못하리라고 단언할 수는 없다. 그러니까 동성간이라는, 생리적으로 다른, 피차 적응성을 가졌기 때문에 제삼자의 시력 범위 외에 진출하는 찬스는 의식적으로 피해나가야 할 것이다. 남녀 문제에 있어 열 학식이나, 열 인격이 늘 한 찬스보다 약한 것은 영원한 진리이다. 더욱 이성간의 우정, 이것은 흥분한 사상 청년思想靑年 이상으로 끝까지 보호 관찰을 필요하는 것이라 생각한다.

난蘭

 일소부주一所不住란 말이 있다. 이르는 곳이 집이요 만나는 것이 모두 형제란 무한친화無限親和의 생활을 가리킴이다.

 그러나 아직 그야말로 삼척 미명三尺微明, 일개 서생一介書生에게 있어서는 풍수風水를 가려야 하고 아역애아려我亦愛我廬(나 역시 내 집에 대한 애착)로 일소一所 아려我廬에 애착하지 않을 수 없는 것이다.

 여러 해 별러 초려草廬 한 칸을 지어놓고 공부할 책권冊卷과 눈을 쉬일 서화 몇 폭을 걸어놓고 상심루賞心樓란 현판을 얻어 걸어놓은 지 이미 7, 8년. 그러나 하루를 누累 없이 상심 낙사賞心樂事한 적이 별로 없다.

 아직 젊은 나이라 차라리 앞으로 바랄 일이기도 하지

만 저녁상에서 물러나면 석간 한 페이지를 못다 살피고 베개를 이끌게 되니, 이 얼마나 '한閑'에 주린 생활인가!

한불매閑不寐(한가해서 잠을 이루지 못함)란 차라리 청복淸福의 하나이리라.

서화書畵, 도자陶磁는 언제든지 먼지나 털면 고만이다. 하루만 돌보지 않아도 야속해 하는 것이 난초다. 그리 귀품은 아니나 향기가 좋던 사란絲蘭, 건란建蘭, 십팔학사十八學士, 세 분盆을 3년이나 길러오다가 하루 저녁 방심으로 지난 겨울에 모두 얼려버렸다.

물을 주고 볕을 쪼여 주고 잎을 닦아 주고 조석으로 시중들던 것이 없어지니 식구가 나간 것처럼 허전해 견딜 수 없다. 심동深冬인 채 화원마다 뒤지어 겨우 춘란, 건란 한 분씩을 얻었다.

그리고 가람 선생이 주문해 주신 사란도 수일 전에 한 분 왔다.

사란은 미풍에도 움직여 주어 좋다.

책이 지루할 때, 붓이 막힐 때, 난초잎을 닦아주는 것이 제일이다. 중국에는 내외 싸움을 하려거든 난초잎을 닦아주란 말이 있다 한다. 결국 이 유곡군자幽谷君子(깊고

난 83

조용한 골짜기에 기거하는 군자)를 대함으로써 화경청적和敬淸寂 (온화하고 공경하여 맑고 깨끗한 고요함)을 얻으라는 말이다.

난초는 그만치 심경을 가라앉혀 준다. 그러므로 '養蘭 而養身'(난을 가꾸는 것은 곧 내 심신을 수양하는 것)이란 말도 있 다.

야간비행

 요즘 좀 뜸해진 모양이나 한동안 행동주의니 능동정신이니 하고 꽤 작자들을 현황케 하였다.
 생 텍쥐페리의 〈야간비행〉이 유명하다기에 그 무렵에 읽어보았다.
 호리구치대학堀口大學의 번역인데 원문도 그런지는 몰라도 문장 묘사가 셰익스피어에게서와 같은 고전미 도는 형용사들에는 놀라웠다. 문장에서부터 새로운 감촉이 있으려니 했던 것은 나의 지나친 기대였다. 내용이 비행하는 사실을 쓴 것인만치 군데군데 스피드가 느껴지는 것은 누구나 으레 가질 수 있는 수법이다.
 다만 읽고나서 머릿속에 묵직하게 드는 것은 그 항공회사 지배인 리베에르의 성격이다. 그에게서 느껴지는 것은 '청년'이요 그리고 감정과 의지를 냉정히 정리해 나갈 수 있을 때 누구나 행동의 영웅이 될 수 있다는 웅변이다. 독일 국민들이 히틀러의 연설을 듣고나서 '히틀러 만세!'를 부르듯이 나는 이 〈야간비행〉을 읽고나서 '리베에르 만세!'를 마음 속에 한 번 불러주었다. 그리고 이 소설이 누구나 읽기에 흥미 있는 것, 보통사람이 체험할 수 없는 비행에 관한 더구나 야간의 모험비행, 그러다가 공중에서 희생되고 마는, 그런 신문기사라도 호외적 뉴스 재료인 것을 마음 속에 경험해 보는 점이다. 그 파비안 기機의 최후의 밤, 폭풍우권에서 상승해가지고 아래는 구름바다, 위에는 달과 별뿐, 그 신비한 고층 천공의 광경이란 다른 문학에서 찾을 수 없는 순수한 미였다.

〈야간비행〉만을 읽고 행동주의 작품을 말할 수 없겠지만, 이 소설에서 백점百點으로 행동감이 느껴지는 것은 사실이다. 그리고 '행동주의 소설이란 이런 것이다'라고 어느 정도까지 믿고 개념을 말할 수 있다는 것도 믿어진다.

그런데 모든 새 사조思潮가 그렇듯이 한때 센세이션을 일으킬 뿐, 그래서 모든 작가에게 반성을 줄 뿐, 그뿐일 것이다. 반성을 주는 미덕을 남기고 희생될 뿐이지 이것이 소설의 신원리로 반석 위에 나앉을 것은 못 된다.

너무 전기감傳記感이 나는 것이 예술로서 퇴보요 너무 사실에 의거해야 하는 것이 이런 소설의 약점이다.
　그러나 일시 유행사조라고 해서 비웃을 것이 아니라 이 〈야간비행〉은 작가된 사람은 한번 맛볼 만한 새 불란서 요리임에 틀림없다.

필묵筆墨

 지금 이 글을 쓰는 것도 만년필이다. 앞으로도 만년필의 신세를 죽을 때까지 질지 모르나, '만년필'이란 그 이름은 아무리 불러도 정들지 않는다. 파운틴펜을 번역한 것이 틀림없을 터인데 얼른 쉽게 '천필泉筆'이라고도 않고 하필 '만년萬年'이 튀어나왔는지 알 수 없다. 묵즙墨汁이나 염수染水를 따로 준비하는 거추장스러움이 없이 수시 수처隨時隨處에서 뚜껑만 뽑으면 써낼 수 있는 말하자면, 그의 공리功利는 수壽보다도 먼저 단편單便한 점에 있을 것이다. 그런데 굳이 '萬年'이라 하였다. 만년이라면 칠십 인생으로는 거의 무궁한 세월이라 상시 상주常時常住를 그리는 인간이라 만萬자가 그다지 좋았기 때문이면 '만세필萬歲筆'이라, 혹 '만수필萬壽筆'이라 했어도 좋을

법하지 않았는가.

이 만년필이 현대 선비들에게서 빼앗은 것이 있다. 그것은 무엇보다 먹墨이다. 가장 운치 있고 가장 정성스러운 문방우文房友였다. 종이 위에 그 먹같이 향기로운 것이 무엇인가. 먹처럼 참되고 윤택한 빛도 무엇인가. 종이가 항구히 살 수 있는, 그의 피가 되는 먹이 종이와 우리에게서 이 만년필 때문에 사라져간 것이다.

시속時俗이란 언제든지 편리한 자를 일컫는 말일 것이다.

그렇듯 고귀한 먹을 빼앗기면서도 이 만년필을 취하는 자로 시인 속물時人俗物이 아닐 도리 없을 것이나, 때로는 어쩌다 청정淸靜한 저녁을 얻어 고인들의 서화를 감상할라치면, 그 묵흔墨痕의 방타 임리滂沱淋漓(비가 내리듯 물줄기가 흐르듯 원기 넘치는 모양)한 데서는, 문득 일어나는, 먹에의 향수를 어찌 참고 견딜 것인가, 산불 재고山不在高(높아야만 산인 것은 아니다)라는 격으로 필묵을 사랑함이 반드시 임지臨池의 인人(서예에 통달한 사람)만이 취할 바 아니라 붓과 먹을 보는 대로는 버릇처럼 반가워하는 것이다.

붓, 모필이란 가히 완상할 도구라 여긴다. 서당에서 글 읽을 때 손님이 오는 것처럼 즐거운 일은 없었다. 훈장은 손님을 위해서는 '나가들 좀 놀아라' 하는 것이었다. 그

중에도 필공筆工이 오는 것이 가장 반가운 것은, 필공은 한 번 오면 수삼일을 서당에서 묵었고 묵는 동안 그의, 화로에다 인두를 꽂고 족제비 꼬리를 뜯어가며 붓을 매는 모양은 소꿉장난처럼 재미있었다. 붓촉을 이루어 대에 꽂아가지고는 입술로 잘근잘근 빨아 좁은 손톱 위에 패임을 그어보고 그어보고 하는 모양은 지성이기도 하였다. 그가 훌쩍 떠나 어디로인지 산너머로 사라진 뒤에는 그가 매어주고 간 붓은 슬프게까지 보이는 것이었다. 그때 그런 필공들이 망건을 단정히 하고 토수를 걷고 괴나리봇짐을 끌러놓고 송진과 애교와 밀내를 피어가며 매어주고 간 붓을 단 한 자루라도 보관하여 두었던들, 하고 그리워진다.

  내게 고급품이 차례올 리 없다. 그러나 이름만이라도 단계석端溪石, 깨어졌으나마 화류갑에 든 채 멀리 해동海東 땅에 굴러와 주었다. 인연만으로도 먹을 정성스레 갈아야 한다.

  나에게 있어 먹은 일종 향료일 뿐이다. 옛날 먹의 고향 중국에서는 과시科試 글씨에 남렬濫劣한 자는 먹물 한 되를 먹이는 법이 있었다 한다. 내 글씨는 먹물 한 말을 먹어 마땅할 것으로 한 자를 제대로 성자成字할 자신이 없는 것이다. 다만 먹을 가는 재미, 붓을 흥건하도록 묻혀

보는 재미, 그리고 먹내를 맡을 뿐, 이것으로 지족知足할 염치밖에는 없는 것이다.

명필 동파東坡는 '天眞爛漫是吾師'(천진난만함이 나의 스승이로 다)라 하였다.

나는 낙필落筆 이전에서 천진 난만을 몽유夢遊할 뿐이다. 촉 긴 붓과 향기로운 먹만 있으면 어디서든 정토淨土일 수 있는 것이다.

모방摸倣

완당阮堂이라면 표구사까지 뒤지고 다니는 선부공善夫公을 따라 모씨저某氏邸에 완당글씨 구경을 갔었다. 행서 8폭 병풍을 족자로 고친 것인데 폭폭이 펼치어질 때마다 낙관이 있고 없고 진가를 의심할 여지가 없게 신운神韻이 일실一室을 압박하였다. 그 앞을 그저 떠나기가 너무 서운해 선부공은 미농지美濃紙를 빌려 두 폭을 연필로 자형字形을 떴다. '天機淸妙'(천지조화가 맑고도 묘하다)라는 큰 글자에 '實相妙法巧喩蓮花'(세상 만물의 묘한 이치가 마치 연꽃과 같도다)란 잔글씨가 두 줄로 아래를 받힌 한 폭이요 다른 하나는 '片石孤雲'(돌조각 하나에 홀로 떠가는 구름)에 '至人之心如珠在淵'(극진한 사람의 마음이란 마치 연못 속에 잠겨 있는 구슬과 같다)이다. 완당이 쓴 글씨에 글로도 범연한 것이 없거니와 짧은 문구들이나 천 길의 함축을 풍기고 있다. 불과 2, 3문자로되 의도가 대해 大海같이 무궁한 것, 자형字形. 한자체字體에 이렇듯 엄연한 조형미가 존재한 것, 사실 공리적으로만 평가하기엔 한자는 너무나 위대한 것임에 틀림없다. 모사摸寫는 안 했지만 '無盡山下泉, 普供山中侶 各持一瓢來, 總得全月去'(무진산 아래 샘 하나 있는데 / 산중 사람들에게 두루 물공양을 하누나 / 사람마다 표주박 하나씩 들고 와서 / 모두들 달 하나씩 떠가지고 가네) 같은 시구는 염불처럼 자꾸 외우고 싶어졌다.

모사摸寫는 선부공이 해왔으나 종이에 그것을 먹칠해 보기는 내가 먼저다. 도저히 원획原劃이 날 리가 없다. 영화 필름을 조각조각으로 보는 맛이다. 생동할 리가 없다. 그러나 멀리서 바라보면 자형만은 우수하다. 나는 낮에는 집에 별로 있지 못하여 밤에만 보기에는 더욱 방불하다. 그런데 이 두 폭 24자를 먹칠만 하기에 나는 이틀 저녁에 세 시간 이상씩 걸리었다. 완당이 자유분방하게 휘둘러 놓은 획 속에 나는 이틀 저녁을 갇혀 있었다. 완당의 필력, 필의筆意, 필후筆後를 이틀 저녁을 체험한 셈이다. 천자획天子劃은 어떻게, 고자획孤子劃은 어떻게 달아난 것을 행하니 외일 수가 있다. 완당의 획은 어떤 성질의 동물이란 것이 만져지는 듯하다. 화풍이나 서체를 감식하려면 원작자의 화풍, 서체를 이해해야 하고 이해하자면 보기만 하는 것보다 모사하는 것이 훨씬 첩경인 것을 느꼈다. 완당서阮堂書를 아직껏 천 자를 보아온 것보다 이 이틀 저녁 24자를 모사해본 데서 나로서의 완당서안阮堂書眼은 갑절 느는 셈이라 하겠다.

감식은 모든 비평의 기초일 것이다. 문학도 감식에 어두워선 작자와 작품의 정체를 포착치 못할 것이다. 비평가가 읽기만 하고 얻기 쉬운 것은 애매한 인상일 것이다. 한번 그 작품을 모사, 베껴본다면 그 작품은 그 평가評家에게 털끝만한 무엇도 가리지 못할 것이라 생각한다.

모방에 이처럼 미덕의 일면이 있음은 놀라운 일이다.

일분어 一分語

　십분심사일분어十分心思一分語(마음에 품은 뜻은 많으나 말로는 그 십분의 일밖에 표현 못한다)란, 품은 사랑은 가슴이 벅차건만 다 말 못 하는 정경을 가리킴인 듯하다.
　이렇듯 다 말 못 하는 사정은 남녀간 정한사情恨事에만 있는 것이 아니라 일체 표현이 모두 그렇지 않은가 느껴진다. 부끄러워서가 아니라 뜻을 세울 수가 없고, 말을 붙일 수가 없어 꼼짝 못 하는 수가 얼마든지 있다.
　나는 문갑 위에 조선조 때 제기祭器 하나를 놓고 무시로 바라본다. 그리 오랜 것은 아니로되, 거미줄처럼 금간 틈틈이 옛 사람들의 생활의 때가 푹 배어 있다. 날카롭게 어여낸 여덟 모의 굽이 우뚝 자리잡은 위에 엷고, 우긋하고, 매끄럽게 연잎처럼 자연스럽게 변두리가 훨쩍 피인 그릇이다. 고려자기 같은 비췻빛을 엷게 띠었는데 그 맑음, 담수에서 자란 고기 같고 그 넓음, 하늘이 온통 내려앉아도 능히 다 담을 듯싶다. 그리고 고요하다.

가끔 옆에서 묻는 이가 있다. 그 그릇이 어디가 그리 좋으냐는 것이다. 나는 더러 지금 쓴 것과 같이 수사修辭에 힘들여 설명해 본다. 해 보면 번번이 안 하니만 못하게 부족하다. 내가 이 제기에 가진 정말 좋음을 십분지 일도 건드려 보지 못하기 때문이다.

여기서 더욱 그럴싸한 제환공齊桓公과 어떤 노목수老木手의 이야기가 생각난다.

한번, 환공桓公이 당상堂上에 앉아 글을 읽노라니 뜰 아래에서 수레를 짜던 늙은 목수가 톱질을 멈추고, 읽으시는 책이 무슨 책이오니까 물었다.

환공 대답하기를, 옛 성인의 책이라 하니, 그럼 대감께서 읽으시는 책도 역시 옛날 어른들의 찌꺼기올시다그려 한다. 공인工人의 말투로 너무 무엄하여 환공이 노기를 띠고, 그게 무슨 말인가 성인의 책을 찌꺼기라 하니 찌꺼기될 연유를 들어야지 그렇지 못하면 살려두지 않으리라 하였다. 늙은 목수 자약自若하여 아래와 같이 아뢰었다 한다.

저는 목수라 치목治木하는 예를 들어 아뢰오리다. 톱질

을 해보더라도 느리게 다리면 엇먹고 급하게 다리면 톱이 박혀 내려가질 않습니다. 그래 너무 느리지도 너무 급하지도 않게 다리는 데 묘리妙理가 있습니다만, 그건 손이 익고 마음에 통해서 저만 알고 그렇게 할 뿐이지 말로 형용해 남에게 그대로 시킬 수는 없습니다. 아마 옛적 어른들께서도 정말 전해주고 싶은 것은 모두 이러해서 품은 채 죽은 줄 아옵니다. 그렇다면 지금 대감께서 읽으시는 책도 옛 사람의 찌꺼기쯤으로 불러 과언이 아닐까 하옵니다.

환공이 물론 턱을 끄덕였으리라 믿거니와 설화說話나 문장이나 그것들이 한 묘妙의 경지의 것을 발표하는 기구로는 너무 무능한 것임을 요새 와 점점 절실하게 느끼는 바다. 선승禪僧들의 불립문자설不立文字說(도란 문자나 말과 같은 표면적인 것에 매이지 않고, 마음에서 마음으로 전한다는 뜻. 이심전심과 같다)에 더욱 일깨워짐이 있다.

자연과 문헌

 자연은 왜 존재해 있나? 모른다. 그것은 영원한 신비다.
 자연은 왜 아름다운가? 모른다. 그것도 영원한 불가사의다.
 자연은 왜 말이 없는가? 그것도 모른다. 그것도 영원한 그의 침묵, 그의 성격이다.
 우리는 자연의 모든 것을 모른다. 우리는 영원히 그의 신원도, 이력도 캐어낼 수 없을 것이다. 오직 그의 신성한 존재 앞에 백지와 같은 마음으로 경건한 직감이 있을 뿐이다. 직감 이상으로 자연의 정체를 볼 수 없고 들을 수 없을 것이다. 자연에 대한 우리 인류의 최고 능력은 직감일 것이다.

한 사람이라도 좋다. 자연에 대한 솔직한 감각을 표현하라. 금강산에 어떠한 문헌이 있든지 말든지, 백두산에서 어떠한 인간의 때묻은 내력이 있든지 없든지, 조금도 그 따위에 관심을 기울일 것이 없이 산이면 산대로, 물이면 물대로 보고 느끼고 노래하는 시인은 없는가? 경승지景勝地에 가려면 문헌부터 뒤지는, 극히 독자獨自의 감각력엔 자신이 없는 사람은 예술가가 아니다. 조그만 학문과 고고考古의 사무가일 뿐, 빛나는 생명의 예술가는 아니다.

금강산은 금강산이라 이름 붙여지기 훨씬 전부터, 태고 때부터 엄연히 존재했던 것이다. 옥녀봉玉女峯이니 명경대明鏡臺니 하는 이름과 전설은 가장 최근의 일이다. 본래의 금강산과는 아무런 관계도 없는 그야말로 무근지설無根之說이다. 소문거리의 '모델'로서의 금강산, 일만이천 봉이니 12폭포이니 하고 계산된 삽화로서의 금강산을 보지 못해 애쓸 필요가 무엇인가. 금강산이나 백두산이나 무슨 산이나 간에 그들은 태고 때부터 항구히 살아있는 것이다. 물은 지금도 흐르고 꽃과 단풍은 지금도 그들의 품에서 피고 지거늘 문헌과 전설이 무슨 상관인가, 고완품이나 고적이라면 모르거니와 죽은 줄 모르는 생명의 덩어리인 자연에게 있어 문헌이란 별무가치別無價値인 것이다.

 흔히 시인들은 자연을 대상으로 한 시편에서나 기행문에서는 너무들 문헌에 수족이 묶인다. 고완품을 보는 것 같고 자연을 보는 것 같지 않은 것이 흔히 독자에게 주는 불유쾌다.
 문헌은 학자들에게 던져두라. 예술가에게는 언제, 어디든지 신대륙, 신세계여야 할 것이다.

작품애 作品愛

　어제 경성역으로부터 신촌 오는 기동차에서다. 책보를 메기도 하고, 끼기도 한 소녀들이 참새떼가 되어 재깔거리는 틈에서 한 아이는 얼굴을 무릎에 파묻고 흑흑 흐느껴 울고 있었다. 다른 아이들은 우는 동무에게 잠깐씩 눈은 던지면서도 달래려 하지 않고, 무슨 시험이 언제니, 아니니, 내기를 하자느니 하고 저희끼리만 재깔인다. 우는 아이는 기워 입은 적삼 등어리가 그저 들먹거린다. 왜 우느냐고 묻고 싶은데 마침 그애들 뒤에 앉았던 큰 여학생 하나가 나보다 더 궁금했던지 먼저 물었다. 재재거리던 참새떼는 딱 그치더니 하나가 대답하기를
　"걔 재봉한 걸 잃어버렸어요"
한다.

"학교에 바칠 걸 잃었니?"

"아니야요. 바쳐서 잘했다구 선생님이 칭찬해 주신 걸 잃어버렸어요. 그래 울어요."

큰 여학생은 이내 우는 아이의 등을 흔들며 달랜다.

"얘 울문 뭘 허니? 운다구 찾아지니? 울어두 안 될 걸 우는 건 바보야."

이 달래는 소리는 기동차 달아나는 소리에도 퍽 맑게 들리어, 나는 그 맑은 소리의 주인공을 다시 한 번 돌아 보았다. 중학생은 아니고 큰 처녀다. 분이 피어 그런지 흰 이마와 서늘한 눈은 기동차의 유리창들보다도 신선한 처녀다. 나는 이내 굴속으로 들어온 기동차의 천장을 쳐다보면서 그가 우는 소녀에게 한 말을 생각해 보았다.

"얘 울문 뭘 허니? 운다구 찾아지니? 울어두 안 될 걸 우는 건 바보야."

이치에 맞는 말이다. 울기만 하는 것으로 찾아질 리 없고, 또 울어서 이루어지지 않을 것을 우는 것은 확실히 어리석은 일이다. 그러나 사람들은 울음에 있어 곧잘 어리석어진다. 더욱 이 말이 여자로서 눈물에 제일 빠른 처녀가 한 말이라는 것이라 생각할 때 재미도 있다. 그 희망에 찬 처녀를 저주해서가 아니라 그도 이제부터 교복을 벗고 한번 인간 제복人間制服으로 갈아입고 나서는 날,

감정 때문에, 혹은 이해 상관으로 '울어도 안 될 것'을 울어야 할 일이 없다 하지 못할 것이다.

나는 신촌역에 내려서도 이 '울문 뭘 하니? 울어두 안 될 걸 우는 건 바보야' 소리를 생각하며 걸었다.

그러나 이 말이나 이 말의 주인공은 점점 내 마음 속에서 멀어져가는 대신 점점 가까이 떠오르는 것은 그 재봉한 것을 잃어버렸다는 소녀이다. 그는 오늘도 울고 있을 것 같고 또 언제든지 그 잃어버린 조그마한 자기 작품이 생각날 때마다 서러울 것이다. 등어리를 조각조각 기워 입은 것을 보아 색헝겊 한 오리 쉽게 얻을 수 있는 아이는 아니었다. 어머니께 조르고 동무에게 얻고 해서 무엇인지 모르나 구석을 찾아 앉아 동생 보지 않는다고 꾸지람을 들어가며 정성껏, 솜씨껏, 마르고, 호고, 감치고 했을 것이다. 그것이 여러 동무의 것을 제쳐놓고 선생님의 칭찬을 차지하게 될 때, 소녀는 세상일에 그처럼 가슴이 뛰어본 적은 일찍이 없었을 것이다. 이제 하학만 하면 어서 가지고 집으로 가서 부모님께도, 좋은 끗수 받은 것을 자랑하며 보여드리려던 것이 그만 없어지고 말았다.

소녀에게 있어선 결코 작은 사건이 아니요 작은 슬픔이 아닐 것이다.

나도 작품을 더러 잃어 보았다. 도향稻香의 죽은 이듬

핸가 서해曙海형이 《현대평론》에 도향 추도호를 낸다고 추도문을 쓰라 하였다. 원고청탁이 별로 없던 때라 감격하여 여름 밤을 새워 썼다. 고치고 고치고 열 번도 더 고쳐 현대평론사로 보냈더니 서해형이 받기는 받았는데 잃어버렸으니 다시 쓰라는 것이다. 같은 글을 다시 쓸 정열이 나지 않았다. 마지못해 다시 쓰기는 썼지만 아무래도 처음에 썼던 것만 못한 것 같아 찜찜한 것을 참고 보냈다.

신문, 잡지에 났던 것도 미처 떼어두지 않아서, 또 떼어뒀던 것도 어찌어찌해 없어진다. 누가 와 어느 글을 재미있게 읽었노라 감상을 말하면, 그가 돌아간 뒤에 나도 그 글을 다시 한 번 읽어보고 싶어 찾아본다. 찾아보아 찾아내지 못한 것이 이미 서너 가지 된다. 다시 그 신문, 잡지를 찾아가 오려 오기란 거의 불가능한 일이다. 꽤 섭섭하게 그날 밤을 자곤 하였다.

이 '섭섭'을 꽤 심각하게 당한 것은 장편 〈성모聖母〉다. 그 소설의 주인공 순모가 아이를 낳아서부터, 어머니로서의 애쓰는 것은 나도 상당히 애를 쓰며 썼다. 책으로는 못 나오나 스크랩째로라도 내 자리 옆에 두고 싶은 애정이 새삼스럽게 끓었다.

그러나 울지는 않았다. 위에 기동차의 소녀처럼 울지

는 않았다. 왜 울지 않았는가? 아니 왜 울지 못하였는가? 그 작품들에게 울 만치 애착, 혹은 충실하지 못한 때문이라 할 수밖에 없다.

 잃어버리면 울지 않고는, 몸부림을 치지 않고는 견딜 수 없는, 그런 작품을 써야 옳을 것이다.

명제命題 기타其他

명제

아내가 아이를 가지면 딸일는지 아들일는지는 아직 모르면서도 두 경우를 다 가정하고 미리부터 이름을 지어보는 것은 한 아비되는 이의 즐거움이 아닐 수 없다. 마찬가지로 작품에 있어서도 그렇다. 상想이 정리되기 전부터 떠오르는 것이 표제요 또 표제부터 정하는 것이 광막한 상想의 세계에 한 윤곽을 긋는 것이 되기도 한다. 새하얀 원고지 위에 표제를 쓰는 즐거움, 그것은 훌륭한 회화가 아닐 수 없다. 나중에 고치기는 할지언정 나는 번번이 표제부터 써놓곤 한다. 표제를 정하는 데 별로 표준은 없다. 콩트의 것은 경쾌하게, 신문소설의 것은 신선하고 화려하고 발음이 좋게 붙이는 것쯤은 표준이라기보다 자연스런 일이요 단편에 있어서는 다만 내용을 솔직하게 대명代名시키는 데 충실할 뿐이다.

구상

동양소설에서는 삼국지류의 무용전武勇傳이기 전에는 서양에서처럼 고층건축과 같은 입체적 설계는 어렵다. 생활형식이 저들은 동적인데 우리는 정적이요 저들은 입체적인데 우리는 평면적이다. 점잖은 인물이면 저들과 같이 결투를 청하거나 경마나 골프를 하지 않고 정자에 누워 반성하고 낚시질이나 바둑을 둔다. 이렇게 조용한 인물과 생활을 가지고 변화를 부려봐야 작자의 뒤스럭만 보이기가 십상팔구다. 왜 사소설이 많으냐? '이것은 작자들의 무기력이다' 이렇게 단정하는 것은 그 자신 또한 약간의 부족이다. 동양화에서 입체감을 찾는 소리나 비슷하다. 구상, 이것은 동양소설가들이 받는 최대의 고통일 것이다.

인물

내가 만드는 인물이라 내 마음대로 부릴 수 있으려니 했다가 몇 번 실패하였다. 얼굴이 생기고 말씨가 나와버리어 한번 성격이 결정만 되면 천하없는 작가라도 그 인물에게 끌려나가든지 그 인물을 잡아버리든지 두 가지 길밖에 없을 것이다. 사건의 발전을 봐서는 꼭 필요한 행동인데 인물이 듣지 않는 경우가 여간 많지 않다. 사건은 완성시키지 못할지언정 인물을 어쩔 수는 없는 것이다. 작자가 예상한 사건을 원만히 행동해주는 인물, 그를 만나기 위해서는 복안腹案을 오래 끄는 시간 여유가 제일이라 생각한다.

사상

문예작품에서는 사상보다는 먼저 감정이다. 사상으로 명문화하기 이전의 사상, 즉 사고를 거친 감정이라야 할 것이다. 흔히 작품의 생경성生硬性은 이미 상식화한 사상을 집어넣는 데 있다. 그러므로 사상가의 소설일수록 너무 윤리적이 되고 만다. 그런 작품은 아무리 대가의 것이

라도 철학의 삽화격이어서 문학으로는 귀빈실에 참렬參
列하지 못할 것이다.

제재

 잡기장이 책상에 하나, 가방이나 포켓에 하나, 서너 개
된다. 전차에서나 길에서나 소설의 한 단어, 한 구절, 한
사건의 일부분이 될 만한 것이면 모두 적어둔다. 사진도
소설에 나올 만한 풍경이나 인물이면 오려둔다. 참고뿐
아니라 직접 제재로 쓰이는 수가 많다. 나는 사건보다 인
물을 쓰기에 좀더 노력하는데 사진에서 오려진 인물로도
몇 가지 쓴 것이 있다. 제재에 제일 괴로운 것은, 나뿐이
아니겠지만, 가장 기민하게, 가장 힘들여 취급해야 할 것
일수록 모두 타산지석他山之石으로 내어던져야 하는 사정
이다.

문장

 '내 문장'을 쓰기보다는 될 수만 있으면 '그 작품의 문

장'을 써보고 싶다. 우선은 '그 장면의 문장'부터 써보려 한다.

퇴고

소설만으로 전업을 못 삼는 것은 슬픈 일이다. 충분히 퇴고할 시간을 얻지 못한다. 이것은 시간에만 밀 것이 아니라 자신의 성의문제가 될 것도 물론이다. 시간이 없다는 것으로 책임을 피하자는 것은 아니다.

아마 조선문단 전체로도 이대로 3년이면 3년을 나가는 것보다는 지금의 작품만 가지고라도 3년 동안 퇴고를 해놓는다면 그냥 나간 3년보다 훨씬 수준 높은 문단이 될 것이라 믿는다.

남의 글

 남의 글처럼 내 글이 쉬웠으면, 하는 생각을 가끔 한다. 자기가 쓴 것은 동사 같은 뚜렷한 말에서도 그 잘못된 것을 얼른 집어내지 못하면서 남의 글에서는 부사 하나 덜된 것이라도 이내 눈에 걸리어 그냥 지나쳐지지 않는다.
 "남의 눈에 든 티는 보면서 어찌하야 네 눈에 든 대들보는 보지 못하느냐?"
한 예수의 말씀은 문장도文章道에 있어서도 좋은 교훈이다.
 자식처럼, 글도 제게서 난 것은 애정에 눈이 어리기 때문인가? '여기가 잘못되었소' 하면 그 말을 고맙게 들으려고는 하면서도 먼저는 불쾌한 것이 사실이요 고맙게 여기는 것은 나중에 교양의 힘으로 되는 예의였다. 내 글이되 남의 글처럼 뚝 떨어져 보는 속, 그 속이 진작부터 필요한 줄은 알면서도 그게 그렇게 쉽게 내 속에 들어서 주지 않는다. 문장 공부도 구도의 정신에서만 성취될 것인가 보다.

오늘도 작문 40통을 앞에 놓을 때, 불현듯 도화 교원圖畵敎員이 부러운 생각이 났다. 도화라면 백장인들 고르기 얼마나 쉬우랴! 이것은, 그 자질구레한 글자를, 그렇게도 아낄 줄 모르고 많이만 늘어놓은 글자들을 한 자도 빼놓지 않고 발음을 해봐야 한다. 음미해야 하고 또 다른 것과 비교해야 한다. 도화나 작문이나 다 보아야 하는 의무는 마찬가지지만, 도화를 골라내는 것은 미용美容의 심사요, 작문을 고르는 것은 신체 검사라 할까. 얼른 들떠놓고 한눈으로 보고는 어떻다고 말할 수 없는 것이 작문이다.

이 점에 있어 그림은 글보다 언제나 편리하다. 미술은 전람회장에 들어서면 두 시간 내지 서너 시간에 수백 명의 작품을 완전히 감상할 수가 있다. 그러나 문학은 〈전쟁과 평화〉 같은 것은 그 하나만 가지고도 여러 주야를 씨름해야 한다.

그런 글, 그런 문학이면서도 이 스피드 시대에 그냥 엄연한 존재를 갖는 것은 이상스러울 만한 일이 아닌가.

더구나 작문에 있어 점수를 매긴다는 것은 가장 불유쾌한 의무다. 그냥 '여기가 좋소' 그냥 '여기는 이렇게 고치는 것이 좋지 않을까' 투로만 보아나간다면 좋겠는데 교무상教務上 채점이 반드시 필요하다는 것이다.

그런데 무슨 과학에서와 같이 공식적인 해답을 쓰고 못 쓴 것이라면 한 문제에 몇 점씩으로 해서 그야말로 과학적인 정확한 채점이 될 수 있지만 글은 그런 계산적인 채점 표준이 있을 수 없는 것이다. 그러니까 90점을 주면서도 이것은 어째서 90점에 해당한다는 논리적인 선언은 할 수 없다. 대체가 감정 속에서 처리되는 것이므로 작문 점수란 영원히 부정확한 가점수假點數일 것이다.

낮은 점수를 받는 학생의 불유쾌는 물론이거니와 야박스럽지만 더 잘 쓴 여러 층의 사람들이 위에 있기 때문에 할 수 없이 낮은 점수를 매겨야 하는 교사도 결코 유쾌할 수 없는 일이다. 점수가 적은 것을 들고 그 학생을 부를 적에는 남에게 변변치 못한 음식을 줄 때와 같이 손이 잘 나가지 않는 것을 학생들은 아마 몰라줄 것이다.

재능이든 선악이든 남을 전형하기란 쉬운 일이 아니요

또 좋은 업이 아닐 듯싶다. 더욱 남에게

"너는 종신 징역에 처한다."

"너는 사형에 처한다."

하는 분들은 그 자신들부터 얼마나 신산辛酸할 것인가!

그의 고난 앞에 경례한다

 고리키라면 왜 그런지 아직도 퍽 건장한 30대의 작가로밖에 생각되지 않았다. 내가 본 그의 사진이 대개는 젊었을 때 사진이다. 그 중에도 제일 처음으로 본 것은 백발이 흩날리는 만년의 톨스토이와 같이 선 사진이었으므로 톨스토이라면 늘 노인으로 생각되는 반면에 고리키라면 늘 젊은 작가로만 생각되어왔다.
 그를 젊은 작가로 인상을 가지게 된 것은 그의 사진을 젊었을 때의 것만 보아온 것도 원인이려니와 또 그의 문학 행동이 늘 청년다웠다는 점에도 원인이 있을 것이라 생각한다. 나는 너무나 그의 작품을 읽지 못하여서 분명히 말할 수는 없으나 아무튼 산만한 추측에서나마 '문학을 싸움으로 한 이'를 찾는다면 이 고리키같은 이가 대표

자격이 아닐까 하는 것이다.

그런 '젊음의 고리키'도 가고 말았다.

우리가 기억하는 그의 이름은 '최대 고통'을 의미하는 별호라 하거니와 그의 고난의 일생은 그의 얼굴에도 역력하다. 그 곡괭이나 둘러메면 어울릴 듯한 힘상궂은 얼굴은, 얼마나 인생고를 자신있게 외칠 만한 얼굴이었던가.

다른 작가의 것이지만 〈죄와 벌〉에서 그 주인공 청년이 매춘부 쏘니아에게 무릎을 꿇고 예찬하던 그 언사를 나는 이 고난의 작가 고리키에게 그대로 바치고 경례하고 싶은 충동을 느낀다.

황금으로 살 수 없는 위대한 고난의 보지자保持者는 영원히 붓을 던지고 마는가!

원문을 못 읽으니까 이것도 확실히는 모르거니와 아무튼 〈어머니〉를 읽어보며 느껴지는 것은, 고리키도 작가이기 전에 아니 훌륭한 작가가 되기 위해 먼저 훌륭한 문장가였구나 생각되는 점이었다. 첫머리의 공장가의 묘사를 보라, 번역이지만 원문의 문장을 아주 떠나서 된 수사는 아닐 것이다. 고리키이기에 그렇지 만일 조선의 작가가 그처럼 묘사에 힘들인 것이라면 대뜸 기교파라는 욕을 먹을는지도 모를 만하다.

프롤로레타리아 작가도 가치 있는 작품을 쓸 수 있는 사람은 먼저 가치 있는 문장부터 소유한 것을 나는 고리키에게서 느끼었다. 〈조선중앙일보〉 1936. 6. 19

병후病後

병

  생활이 단조로운 때는 앓기라도 좀 했으면 하는 때가 있다. 감기 같은 것은 가끔 앓으나 병다운 맛이 적고 또 누구나 걸리는 속환俗患인 데다, 지저분한 병이기도 하다. 병이라도 좀 앓았으면 싶을 때마다 내가 생각한 것은 학질이었다. 벌써 8, 9년 전 동경에 있을 때 나는 2, 3년 동안 여러 질의 학질을 앓아보았는데 나의 체험으로는 어느 병보다도 통쾌스러운, 일종의 스포츠미味를 가진 것이기 때문이다. 갑자기 떨리기 시작할 때의 그 아슬아슬함이란 적이 만루가 되고 우리 투수가 투 스트라이크 쓰리 볼인 경우다. 그때 따스한 자리를 만나 이불을 푹 덮는 맛이란 어느 어버이의 품이 그리도 아늑하고 편안하고 또 그렇게도 다른 욕망이 눈곱만치도 없게 해줄 것인가! 그러다가도 그 소낙비 같은 변조와 정열! 더구나 그 열이 또한 급행열차와 같이 지나가버린 뒤의 밤중의 적막, 연정처럼 비등沸騰하고 연정처럼 냉각하고 연정처럼 고독한 것이 '미스 말라리아'다! 그의 스피드, 그 스피드로 냉각지대와 염열지대의 비행飛行. 그리고 나중의 빈 그라운드와도 같은 적막, 이것은 병을 앓았으되 한 연정과, 한 스포츠를 게임하고 난 것과도 흡사하다.

그런데 이런 말라리아는 다시 오지 않았고 시원치 않은 감기나 가끔 앓다가 이번에 어디서 아주 몰취미하고 극極한 상인常人들이 욕으로나 주고받고 하는 따위에 걸려 5, 60일을 누워 있었다는 사실은 좀 불명예의 하나다. 가가呵呵.

꽃

자리에 누운 지 30여 일에 이제 급한 증세는 지나갔다. 미열이 38도에서 오르내릴 뿐 마음은 피곤하나마 한가한 때였다. 무엇이고 다른 것이 보고 싶었다. 책이나 신문은 아직 볼 정력이 없고 벽이나 쳐다보니 늘 보던 그 벽이다. 싫증이 나도록 눈에 익은 그 그림이요 그 글씨다. 눈은 감으면 답답한데 떠도 답답하다. 눈이 머물러 푹 쉴 무엇이 그리웠다. 물처럼 시원히 씻어주는 무엇이 있었으면 싶었다. 몇 점 안 되는 고기古器를 번갈아 내어놓고 바라보다 그것도 싫증이 났다. 그러던 하룻날 아침, 눈을 뜨니 정신이 번쩍 난다. 나의 시력이 가장 자연스럽게 던지어질 위치에 이채 찬연異彩燦然한 화원! 눈을 더듬어 가지를 헤이니 겨우 서너 송이의 카네이션이었다. 희고 붉고 연분홍인, 나의 눈은 주리었던 음식보다 달았다. 꽃병을 좀더 가까이 가져오라 하고, 아내에게 누가 보낸 것이냐 물었다. 모두 꺼리는 병이었건만, 또 의사가 면회 사절을 시켰건만, 여러 고마운 친구들이 손수 여러 가지를 들고 찾아와 주었다. 이 꽃도 어느 친구가 가져온 것인가 하였더니 아내 자신이 나가 사온 것임을 알았다. 아내가 멀리 백화점으로 나가리 만치 내가 나았다는 것도 기쁜 일이거니와 나는 이날처럼 아내에게 처녀 때와 같은 신선을 느껴본 적은 드물다. 서양 소녀와 같이 명랑한 카네이션은 병에 꽂히어서 여러 날 웃고 있었다. 여러 날을 보아도 물리지 않게 하는 것은 꽃의 아름다운 성품이려니와 그가 떨치는 그 맑고 향기로운 산소는 나의 코를 통하여 나의 차디찬 육신에까지 훌륭한 보제補劑이기도 했다.

신념

나는 몹시 이번 병을 겁내었다. 심훈沈熏이 바로 이 병으로 그 건장하기 표본 같던 몸으로도 일순간에 죽어버린 것을 생각하매, 생각뿐 아니라 그의 죽은 몸 옆에서 밤을 지새우고 화장하던 광경이 불과 20일 전의 것이라 꿈에도 자꾸 보이는 것은 그 모습이었다. 그런데다 누울 무렵에 자주 펼쳐보던 책이 《종교적 인간》이란 것인데 권말에 적힌 것을 보니 그의 저자가 바로 또 이 병으로 요절한 청년 학구靑年學究였다. 이런 불길한 기억들이 나를 은근히 압박한 때문이다.

이런 것들을 눈치챈 듯, 의사는 처음부터 나에게 약보다 먼저 신념을 권하였다. 콜레라 균을 발명한 독일의 의학자 고호와 대립하여 균의 절대 세력을 부정하던 학자라고 이름까지 대면서 그는 배양균을 한 컵이나 마시었으되 죽기는커녕 아무렇지도 않았다 한다. 그가 고호의 이론만을 이기려는 승부열에서가 아니요 균이 아무리 많이 들어가더라도 인체는 그것을 저항할 만한 능력이 있다는 신념을 자기는 굳게 가졌기 때문에 몇 억만 마리의 병균을 마시기부터 한 것이요 또 마시었으되 얼마의 반응열反應熱만으로 이내 정상체를 회복한 것이라고 이야기해 주는 것이었다. 나는 이 이야기에 얼마나 큰 힘을 얻었는지 모른다. "오냐 아무리 내 몸에 숱한 병균이 끓더라도 나의 굳센 정신력만 있다면 태양력 이상으로 살균할 수 있으리라" 믿게 되었다.

그러나 하룻밤은 거의 자정인 때 이 병으로는 최악의 병상이 나타나고 말았다. 며칠 뒤에 알았지만 내 자신은 그렇게 다량인 배설물이 전부 피였다는 것은 알지 못하였다. 의사에게 말을 하려 하나 혀가 굳어진다. 손이 시린 듯해서 들어보니 백지 같다. 얼마 안 있어서는 손을 들 수도 없거니와 손가락이나마 좀 움직여 보려니까 손가락들도 감각이 없어진다. 아내와 의사는 마루에서 무어라고 수군거린다. 수군거리다 들어와서는 의사는 외투를, 아내는 두루마기를 벗겨들고 또 모두 나가서는 이번에는 대문 소리만 내고 사라진다. 모두 구급약을 사러 가는 것인 줄은 의식했다. 그 다음에 안에서 누가 나를 지키려 나와 앉았었다고 하나 나는 그것을 전혀 모르고, 이렇게 혼자 죽나보다 하였다. 그 죽나보다 생각이 들자 나는 벌써 의식이 희박해졌다. 그랬기에 현실적인 유언류의 생각은 하나도 못 하였다. 오직 캄캄해져 들어오는 의식을 일 분간이라도 더 밝은 채 끌고 나가려 싸운 듯했다. 그런데 놀라운 것은 그 안개 속 같은 싸움 속에서 완전히 들리는 의사의 말소리였다.

"신념을 가지십시오. 병은 죄악이 아니라 하나님의 시련이십니다"

하는.

나는 확실히 힘을 얻었다. "아직 죽을 때는 아니다. 내가 악한 일한 것은 없다." 단순하나마 굳센 정신력이 어디선지 솟아올랐음을 기억한다. 그 힘으로 나는 그 달무리 속 같은 흐릿한 의식이나마 아주 놓쳐버리지 않으려 싸워 나왔다. 1분, 2분, 그 지루한, 또 그 힘든 동안이 나중에 알고 보니 40분 동안이었으나 한 달이나 두 달의 거리처럼 아득하였다.

그러나 그 흐릿한 의식이란 가사假死에서의 혼백魂魄이었다. 의사에게 주사를 맞을 때에야 비로소 내 의식에 돌아온 것이다.

그 어두워만 들어오는 의식 속에서 그 평소에 귀에 박혔던 의사의 소리만 감각하지 못하였던들 나의 의식은 아주 어두워지고 말았을는지도 모른다. 또 그런 때 아주

어두워지고 마는 것이 죽음인지도 모른다. 의사의 신념설은 이 일발의 위기에서뿐 아니라 미리부터 또 나중에도 약석藥石 이상의 저항력이 된 것은 두말할 것도 없다. 그리고 완전히 회복된 오늘에는 그분의 신념설이 무용의 것이냐 하면 그렇지는 않다.

병만을 고치는 것은 상의常醫요 성품까지를 고치는 것은 성의聖醫란 말이 있다.

진리

이번 나의 병에 주로 쓰인 약은 탕약湯藥들이다. 그 체온이 완전히 식어버리려고 하던 날 밤에도 지혈제와 포도당 주사는 양약이었지만 밤으로 세 번을 달여 먹고 발바닥까지 뜨겁도록 새 체온을 얻기는 한약의 힘이었다. 이번 약의 주요한 몇 가지는 의사가 병세를 보아 다소 가미는 하였지만 원처방은 송나라 어떤 명의의 것이라 했다. 그 말을 듣고 나는 감격됨이 컸다. 까마득한 옛날의 이방異邦 사람 그가 그때의 종이에 그때의 필묵으로 적어놓았을 처방으로 오늘의 이곳 내가 죽을 것을 산다는 것은 얼마나 기적과 같은 사실인가.

가치가 영원히 불멸하는 것은 진리다. 또한 그것은 선善임을 느낀다.

건강

나는 이번 병 후에 완전한 건강이란 의심해 본다. 나아갈 무렵 수십 일은 초저녁에 길어야 세 시간이나 네 시간을 잘 뿐, 그 긴긴 겨울밤을 뜬눈으로 밝히곤 하였다. 그 지루하던 시간에 나는 몇 가지 소설 플롯을 생각하였다. 거의 전부가 슬픈 것들로서 그 인물들의 어떤 대화를 지껄여 보다가는 내 자신이 그 주인공인 듯 흑흑 느끼고 울기를 여러 번 하였다. 자리에서 일어나는 날로 곧 집필하리라고 매우 만족하였던 것이 여러 가지였다.

그러나 오늘 이렇게 붓을 들 수 있는 때 생각해 보니 하나도 쓸만한 것이 없다. 하나같이 안가安價의 감상물感傷物뿐이다. 불건강한 머리로 생각되었던 것이기 때문이리라 생각하였으나 그렇게 웃어버리고만 말 수 없는 것은, 건강한 때 그 머리로 쓴 것 중에도 뒷날에 생각하면 "이걸 소설이라고 썼나!" 생각되는 것이 많기 때문이다. 지금도 건강한 체하나 지금 쓴 글이 이후에도 또 "이걸 글이라고 썼나!" 소리를 내 자신에게서 받을 것이 없으리라 못할 것이다.

이렇게 생각하면 언제나 나의 머리에 완전한 건강이 생길 것인가? 한심스러워진다. 이것은 모든 범재凡才들의 비애일지도 모른다.

묵죽墨竹과 신부新婦

 연전 어느 여름, 고향에 갔다가 고서 두어 권을 얻었다. 《대산집對山集》과 《겸와집謙窩集》이라는 한적韓籍들이다. 대산對山은 강진姜瑨이란 사람, 겸와謙窩는 심취제沈就濟라는 사람인 것만은 얼른 권두를 떠들어 보아 알 수 있으나 그들이 어떤 사람이었는지는 알 수 없었다. 더구나 서기西紀가 아니라 정미丁未니 무진戊辰이니 하는 시대조차 알 수 없었다. 다만 《대산집》은 송조체宋朝體인 활자미에 끌리어, 《겸와집》은 정성스러운 목판임에 끌리어 차에 오면서 이장 저장 번져보았다.

 《대산집》은 시가 대부분인데 《겸와집》은 시詩, 서장書狀, 잠箴, 서지序識, 설說, 잡저雜著 등으로 겸와는 시인이라기보다 유생의 하나였던 모양이다. 그런데 그의 시제詩

題 중에 이런 장황한 것이 있어 어느 것보다 먼저 한번 읽어보게 하였다.

仁川子婦家素淸貧新行衣籠中只有金河西墨竹有感而作

인천 며느리가 친정이 본래 청빈해서 시집 오는 의롱 속에 다만 김하서金河西의 묵죽墨竹 한 폭이 들어 이에 느낀 바 있어 짓는다— 함이었다.

그 시사詩詞에는,

옷상자 하나를 노복이 짊어지고 오니
一駄衣箱隻奴負
그 속에 든 묵화 대나무가 천금보다도 더 귀하여라
雙幹墨竹勝千金
우리 집은 마치 기린을 얻은 것과 같으니
吾家若得麒麟子
평생을 두고 도를 닦는 마음으로 위로받으리라
庶慰平生向道心

하였다. 이런 시아버지에게이니 이런 며느리가 당연하다 하겠다.

나는 잠시 한번 읽어넘겨 버렸으나 가끔 이 시제詩題, 이 시사詩詞가 생각난다.

김하서란 서화징書畫徵에도 그 이름이 보이지 않는 무명화가다. 그의 수묵 한 폭이 더구나 그때 그 시절에 몇 분짜리가 되었을 리 없다. 다만 불개청음不改淸陰하는 때이니 딸에게 어버이가 내리셨고 그런 청덕淸德을 받드는 자식이니 텅 빈 신행 의롱新行衣籠 속에 묵화 한 폭으로써 어엿이 시집온 것이다. 나는 그 딸 그 며느리의 고움, 맑음, 순함이 그립다. 다시 이런 사가査家와 이런 자부子婦의 향기로운 예와 덕을 향기롭게 받을 줄을 안 그 시아버지의 높음이 가히 우러러보인다. 나는 현대가정, 현대문화, 현대여성에게서 이런 고도의 문화, 이런 고도의 미덕을 느낄 수 있을지 의문이다. 쌍간묵죽승천금雙幹墨竹勝千金이나 서위평생향도심庶慰平生向道心, 모두 사향麝香을 갈아 관주貫珠 줄 만한 시구들이다.

야사野史를 떠올리자면 수가 무궁하려니와 우선 정수동鄭壽銅 부인도 이런 데서 생각나는 여성의 하나다. 아내가 비가 새는 것을 걱정하니 구석구석에서 떨어져 흐르는 빗물을 바라보고 "처마 끝에 급한 형세난 백척폭포 쏘아오고……" 소상가瀟湘歌를 불렀다는 천하기걸天下奇傑 수동이라 그의 집안이 구차할 것은 생각할 여지가 없다. 그가 남의 집 사랑에서 죽은 뒤, 그를 평소에 아끼던 대감 한 분이 엄동절嚴冬節을 당하여 그의 유처遺妻에게 쌀과 나무를 보내주었다. 그런데 수동의 아내 이를 받지 않았다. 대감이 괴이히 여겨 하인에게 물었다.

"뭐라고 하며 받지 않더냐?"

"누가 보내는 거냐 해서 대감께서 보내신다 했더니 그 댁 대감께서 내게 식량을 보내실 일이 없다 하십디다."

대감은 얼른 무릎을 치고

"내가 실수했구나! 얼른 다시 가지고 가 이번엔 내가 보낸다구 허지 말고 우리댁 마님께서 보내십디다 해라."

그제야 수동의 아내는 그 쌀과 나무를 받았다.

떨고 굶주리되 사량思量과 체도體度를 헐지 않는 여유, 이거야말로 높은 교양이요 예의요 자존심일 것이다.

교양이라거나 자존심이란 말이 현대처럼 많이 쓰인 시대는 일찍 없었을 것이다. 그러나 이만 교양, 이런 자존심이 현대 우리에게, 현대 여성에게 엄연히 군림하고 계신가?

수목

 몇 평 안 되는 마당이나마 나무들과 함께 설 수 있음은 얼마나 감사한 일인가! 울타리 삼아 둘러준 십수 주株의 앵두나무를 비롯하여 감나무, 살구나무, 대추나무와 모란, 백화白樺의 한두 그루들, 이들은 우리 집 모든 식구들이 다 떠받드는 귀한 손님들이다.

 우리에게 꽃을 주고, 우리에게 열매를 주고, 또 푸른 그늘과 그 맑은 향기를 주는 이들은, 우리에게서 받음은 아무것도 없는 것이다. 가물면 물을 좀 주는 것이나, 추우면 몇 나무의 밑동을 짚으로 싸주는 것쯤은, 그들이 우리에게 주는 그 아름다움과, 그 맛남과, 그 향기롭고 서늘함에 비겨 아무것도 아닌 것이다. 실로 아무것도 아닌 것이다. 어느 친구나 어느 당자인들 우리에게 이처럼 주기만 하고 받음이 없음에 태연할 것인가. 자연이 나무를 통하여 우리를 기르고 우리를 가르침은 크다.

  나무들은 아직 묵묵히 서 있다. 봄은 아직 몇천 리 밖에 있는 듯하다. 그러나 나무 아래 가까이 설 때마다 나는 진작부터 봄을 느낀다. 아무 나무나 한 가지 휘어 잡아보면 그 도톰도톰 맺혀진 눈들, 하룻밤 세우細雨만 내려 주면 하루아침 따스한 햇발만 쪼여 주면 곧 꽃피리라는 소근거림이 한 봉지씩 들어있는 것이다.

  봄아 어서 오라!

  겨울나무 아래를 거닐면 봄이 급하다.

  우리 식구들은 앵두가 익을 때마다, 대추와 감을 딸 때마다, 이 집이라기보다 마당을 우리에게 전하고 간 그전 주인을 생각한다. 더구나 감나무는 우리가 와서부터 첫 열매가 열린 것이니 그들은 나무만 심고 열매는 따지 못한 채 떠난 것이다. 남의 밭에 들어 추수하는 미안이 없지 않다. 나는 몇 번이나 불란서 어느 작가의 '인도인의 오막살이'라는 작은 이야기 한 편을 생각하였다. 어떤 학자가 세계를 편답遍踏하며 진리를 찾는 이야기인데 필경은 뜻을 이루지 못하고 돌아가는 길에서 폭풍우를 만나 한 인도인의 오막살이로 들어가게 되었다. 오막살이의 주인은 '파이리아'라는 인도 최하급의 천족으로서 그의 생활은 문화와 완전히 절연된 것이었다. 그러나 학자는 이 '파이리아'에게서 어느 고승거유高僧巨儒에게서도 얻지 못하였던 진리의 한끝 실마리를 붙들게 되었다. 그들의 대화 중에 '파이리아'의 말로 다음과 같은 뜻의 구절이 아직 기억된다.

……나는 어디서 무슨 열매를 주워 먹든 반드시 그 씨를 흙에 묻고 옵니다.
 그건 그 씨가 나서 자라면 내가 다시 와 따 먹자는 것이 아닙니다. 누가 와 따 먹든 상관없습니다. 오직 그렇게 함이 하늘의 뜻을 따르는 것뿐입니다…….

얼마나 쉽되, 거룩한 일인가! 우리 마당의 그전 주인도 그 '파이리아'와 같이 천의에 순하려 이 마당에 과실씨를 묻은 것인지 아닌지는 모르나 아무튼 그들이, 보기 좋고 맛있고 또 따는 재미만도 좋은 여러 과실나무를 우리에게 물려주고 감은 우리 식구들이 길이 잊을 수 없는 은혜다.
 그러나 나는 가끔 생각을 달리하여 얼마의 불만을 갖기도 한다. 내 과욕인지 모르나 그전 주인들이 작은 나무

여럿을 심었음을 만족하지 못한다. 나는 따 먹는 것은 없더라도 작은 여러 나무보다는 큰 한 나무 밑에 거닐어 보고 싶기 때문이다.

나무는 클수록 좋다. 그리고 늙을수록 좋다. 잔가지에 꽃이 피거나, 열매가 열어 휘어짐에 그 한두 번 바라볼 만한 아취를 모름이 아니로되, 그렇게 내가 쓰다듬어줄 수 있는 나무보다는 나무 그것이 나를, 내 집과 마당까지를 푹 덮어주어 나로 하여금 한 어린아이와 같이 뚱그레진 눈으로, 늘 내 자신의 너무나 작음을 살피며 겸손히 그 밑을 거닐 수 있는 한, 뫼뿌리처럼 높이 솟은 나무가 그리운 것이다.

현인賢人, 장자長者들이 살던 마을이나 그들이 거닐던 마당에는 흔히는 큰 나무들이 선 것을 본다. 온양에 이충무공이 사시던 마을에도 그가 활 쏘던 언덕이라는 데 절벽과 같이 훤칠히 솟은 두 채의 은행나무가 반은 고목이 되어 선 것을 보았다. 나는 충무공이 쓰시던 칼이나 활이나 어느 유품에보다 그 한 쌍 은행나무에 더 반갑고 더 고개가 숙여졌다.

늙기는 하였으되 아직 살기는 한 나무였다. 말이야 있건 없건 충무공과 더불어 한때를 같이한 것으로 아직껏 목숨을 가진 자 ―그 두 그루의 은행나무뿐이다.

나무는 긴 세월을 보내며 자랄 대로 자랐다. 워낙 선 곳이 언덕이라 여간 팔힘으로는 풀매를 쳐 그 어느 나무의 상가지도 넘길 것 같지 않았다. 이렇게 높고 우람한 거목이기 때문에 좋았다. 아무리 충무공이 손수 심으신 것이라 하여도 그 나무가 졸망스런 상나무나 반송盤松 따위로 석가산石假山의 장식거리였으면 그리 귀할 것 아니었다. 대무인大武人의 면목답게 허공에 우뚝 솟기를 산봉우리처럼 하였으니 머리가 숙여지는 것이었다.

다만 한 그루의 나무라도 큰 나무 밑에서 살고 싶다. 입맛을 다시며 낮은 과목 사이에 주춤거림보다는 빈 마음 빈 기쁨으로 오직 청풍이 들고날 뿐인 휘영청한 옛 나무 아래를 거닐음이 얼마나 더 고상한 표정이랴! 여름에는 바다 같은 그 깊고 푸른 그늘 속에 살고 가을에는 마당과 지붕이 온통 그의 낙엽으로 묻혀보라. 얼마나 풍성한 추수리요! 겨울밤엔 바람 소리, 얼마나 우렁차리요! 최대 풍금의 울림일 것이다. 실낱 같은 목숨이나마 그런 큰 나무 밑에 쉬어, 먼 하늘의 별빛을 바라보며 앞날을 생각하고 싶은 것이다.

매화

 차갑더라도 풀 먹인 옷은 다듬잇살이 올라야 하고 덧문까지 봉하더라도 차야만 겨울맛이라 저녁상에 된장이 향그러운 날은 으레 바깥날이 찼고 수선水仙이 숭늉 김에 얼었던 고개를 들고 아내의 붉은 손이 동치미 그릇에서 얼음쪽을 골라내는 것은 먹어봐야만 느낄 맛이 아니러라. 겨울이 너무 차다는 것은 우리의 체온이 너무 뜨거운 때문, 우리 역시 상설霜雪이나 매화같을 양이면 겨울이 더워선들 어찌하랴.
 앞산 눈이 여러 날째 한빛이라 마루에서 산 가까운 것이 답답할 때도 있으나 요즘 같아선 우리 마당을 위해 두른 한 벌 병풍이다. 어스름한 송림과 훤칠한 잡목숲이 모인 덴 모이고 성긴 덴 성기어서 그 소밀疎密의 조화는 완연

수묵체水墨體의 필법으로 산그늘이 바야흐로 짙어갈 즈음 어성어성 이 골짜기를 찾아드는 맛은, 나귀는 못 탔을망정 맹호연孟浩然의 탐매정취探梅情趣가 없지 않은 바려라.

 겨울이 차야 하되 매화를 뜰에 심을 수 없도록 찬 것은 지나쳤다.

    앞마을 깊고 깊은 눈 속에 　　　　　前村深雪裏
    어젯밤 매화 한 가지가 피었네　　　昨夜一枝開

 이런 시를 보면 매화는 설중雪中에서 피는 것이 본성이련만 서울 추위는 상설霜雪까지라도 얼리니 매화도 꽃인 데야 더욱 어찌하랴! 매화를 좋아함은 우선 옛 선비들의 아취를 사모하는 데서부터려니와 지난 가을에 누구의 글인지는 모르나,

    산각도인(여기저기 돌아다니기 좋아하는 사람)은
    본래 한 자리에 오래 앉아 있는 성미가 아닌데
                        散脚道人無坐性
    열흘간이나 문을 닫고 있음은 매화에 사로잡힌 까닭일세
                        閉門十日爲梅花

란 완서阮書 한 폭을 얻은 후로는 어서 겨울이 되어 이 글씨 아래 매화 한 분盆을 이바지하고 폐문십일閉門十日을 해보려는 것이 간절한 소원이었다.

 매화란 고운 꽃이기보다 맑은 꽃이요 달기보다 매운 꽃이라 그러므로 색 있는 것이 그의 자랑이 못 되는 것이요 복엽複葉이 그에게는 무거운 옷이라 단엽백매單葉白梅를 찾으려 꽃이 피기 전부터 다닌 것이 도리어 탈이었던지, 봉오리 맺힘이 적고 빛깔이 푸르기만 한 것으로 골라 사왔더니, 봉오리는 차츰 붉어지고 피는 것을 보니 게다 복엽까지라 공작과 같은 난만爛慢은 있을지언정 제 어찌 단정학丹頂鶴의 결벽潔癖을 벗할 수 있으리요! 적이 실망하지 않을 수 없으나 그러나 하루 아침 크게 놀란 것은 집안 사람이 온통 방심하여 영하 십 도가 넘는 날 밤 덩그런 누마루에 그냥 버려두어 수선과 난초는 얼어 중상重傷이 되었으나 홍매紅梅라도 매화만은 송이마다 꽃술이 총기 있는 계집애 속눈썹처럼 또릿또릿해 주인을 반기지 않는가!

 국화를 능상凌霜이라 하나 매화의 고절苦節을 당치 못할 것이요 매화를 백천 분百千盆 놓았더래도 난방이 완비되었으면 매화의 고절을 받아보기 어려우리라. 절개란 무릇 견디기 어려움에서 나고 차고 가난한 데가 그의 산지産地라 인정이니 생활이니 복이니 함도 진짜일진댄 또한 고절의 방역方域을 벗어나 찾기는 어려울 줄 알러라.

어서 올 겨울에는 지난 겨울에 찾지 못한 단엽백매를 그예 찾아보리라.

고전

　백수사白水社의 새번역물을 읽는 맛도 좋지마는 때로는 신문관新文館이나 한남서원翰南書院의 곰팡내 나는 책장을 뒤지는 맛도 좋아라. 고전 고전 하는 바람에 서양 것만 읽던 분들이 돌아와 조선 것을 하룻밤에 읽고 하룻밤으로 낙망한다는 말을 가끔 듣는 바 그런 민활敏活한 수완만으로는 서양 것인들 고전의 고전다운 맛을 십분 음미하였으리라 믿기 어렵다.

　고려청자의 푸른 빛과 이조백자의 흰 빛이 지금 도공들로는 내지 못하는 빛이라고만 해서 귀한 것은 아니니 고려청자의 푸름과 조선백자의 흼을 애완愛翫함에 공예가 아닌 사람들이 차라리 더 극진함은, 고전은 제작 이상의 해석, 제작 이상의 감각면을 따로 가짐이리라.

"달아 높이곰 돋아사
멀리곰 비최이시라"

이 노래를 읊고 무릎을 치는 이더러
"거 어디가 좋으시뇨"
묻는다더라도
"거 좀 좋으냐"
반문 이외에 별로 신통한 대답이 없을 것이다.
"달아 어서 높이 높이 올라 떠서 어떤 깊은 골짜기든 다 환하게 비치어라. 우리 낭군 돌아오시는 밤길이 어둡지 않아 발도 상하심 없이 한시라도 빨리 오시게……."
이렇듯 해석을 시험하고,
"좀 용한 소리냐"
감탄까지 한다면 이는 자칫하면 고인들을 업신여기는 현대인의 오만을 범하게 될는지도 모르는 바다.
"달아 높이곰 돋아사 멀리곰 비최이시라"
물론 묘구妙句로다. 그러나 현대 시인에게 이만 득의得意의 구가 없는 바도 아니요 또 고인들이라 해서 이만 구를 얻음이 끔찍하다 얕잡을 것은 무엇이뇨.
고전 정신의 대도大道는 영원히 온고지신溫故知新에 있겠으나 고전의 육체미는 반드시 지식욕으로만 감촉될 성

질의 것은 아니라 그러므로 모든 고전의 고전미는 고완古
翫의 일면을 지님에 엄연하도다. 고려청자나 정읍사井邑詞
에서 그들의 고령미高齡美를 떼어버린다면 무엇이 그다
지도 아름다울 것인가.

"달아 높이곰 돋아사……."

한 마디에 백제百濟가 풍기고, 여러 세세대대世世代代
정한인情恨人들의 심경이 전해오고, 아득한 태고가 깃들
임에서 우리의 입술은 이 노래를 불러 향기로울 수 있도
다.

고령자의 앞에 겸손은 예의라 자기磁器 하나에도, 가요
歌謠 하나에도 옛 것일진대 우리는 먼 앞에서부터 옷깃을
여며야 하리로다. 자동차를 몰아 '호텔'로 가듯 그것이
아니라 죽장망혜竹杖芒鞋로 산사를 찾아가는 심경이 아니
고는 고전은 언제든지 써늘한 형해形骸일 뿐, 그의 따스
한 심장이 뛰어주지 않을 것이다.

완전히 느끼기 전에 해석부터 가지려 함은 고전에의
틈입자임을 면하지 못하리니 고전의 고전다운 맛은 알
바이 아니요 먼저 느낄 바로라 생각한다.

목수들

 벼르고 벼르던 안채를 물자가 제일 귀한 금년에, 더욱 초복에 시작해 말복을 통해 치목治木을 하며 달구질을 하며 참으로 집 귀한 맛을 골수에 느끼다.

 목수 다섯 사람 중에 네 사람이 60객들이다. 그 중에도 '선다님'으로 불리어지는 탕건 쓴 이는 70이 불원不遠한 노인으로 서울바닥 목수치고 이 신申 선다님더러 '선생님'이라고 안 하는 사람은 없다 한다. 무슨 대궐 지을 때, 남묘南廟, 동묘東廟를 지을 때, 다 한몫 단단히 보던 명수로서 어느 일터에 가든 먹줄만 치고 먹는다는 것이다. 딴은 선재選材와 재단裁斷은 모두 이 선다님이 해놓는데 십여 간間 남짓한 소공사小工事이기도 하거니와 한 가지도 기록을 갖는 습관이 없이 주먹구구인 채 틀림없이 해내는 것만은 용한 일이다.

 나는 처음에 도급으로 맡기려 했다. 예산도 빠듯하지만 간역看役할 틈이 없다. 그런데 목수들은 도급이면 일할 재미가 없노라 하였다. 밑질까봐 염려, 품값 이상 남기랴는 궁리, 그래 일 재미가 나지 않고, 일 재미가 나지 않으면 일이 솜씨대로 되지 않는다는 것이다. 이런 솔직한 말에 나는 감복하였고 내가 조선집을 지음은 조선건축의 순박, 중후한 맛을 탐냄에 있음이라. 그런 전통을 표현함에는 돈보다 일에 정을 두는 이런 구식 공인들의 손이 아니고는 불가능할 것임으로 오히려 다행이라 여겨 일급日給으로 정한 것이다.

 이들은 여러 모로 시속時俗과는 먼 거리에 뒤진 공인들이었다. 탕건을 쓰고 안경집과 쌈지를 늘어뜨린 허리띠를 불두덩까지 늦추었고 합죽선合竹扇에 일꾼으로는 비교적 장죽長竹인 담뱃대, 솜버선에 헝겊 편리화便利靴들이다. 톱질꾼 두 노인은 짚세기다. 그 흔한 '타월' 하나 차지 않았고 새까만 미녕쪽으로 땀을 닦는다. 톱, 대패, 자귀, 먹통 모두 아무 상호도 붙지 않은 저희 수예품들이다. 그들의 이야기가 역시 구수해서 두어 가지 들은 대로 기록해본다.

 "내 연전에 진고개루 가 일 좀 해보지 않았겠수. 아, 고찌 고찌 하는 말이 뭔가 했더니 인제 알구보니 못釘이더 랬어."

"고찌가 못이야? 알긴 참 여불 없이 알어맞혔군 홍!"

"그럼 뭐람 고찌가?"

"고찌가 저기란 거야 저기…… 못은 국키구."

"국키…… 국키가 요즘 천세라지?"

"여간해 살 수 없다더군……."

그들은 별로 웃지도 않고 말문이 이내 다른 데로 돌아 갔다.

하루는 톱질꾼 노인들이 땀을 씻느라고 쉬었다가 물들 을 마시었다.

"내 한 번 비싼 물 사 먹어봤지!"

"어디서?"

"저어 개명앞 가 일허구 오는데 그때두 복지경이었나 봐. 일손을 떼구 집으루 오는데 목이 여간 말러야지. 마 침 뭐라나 이름두 잊었어…… 그런데 참 양떡으루 만든 고뽀가 다 있습디다그려. 거기다 살짝 담아주는데 으수 덛물진 푸석얼음이야. 목구녕은 선뜩선뜩 허드군……."

"오, 거 앗씨구리로군그래."

"무슨 구리래나…… 헌데 그런 날도적놈이 있어!"

"으째?"

"아 목젖이 착근착근하는 맛에 두 고뿔 먹지 않었겠수."

"을말 물었게?"

"고작 물에 설탕 좀 타 얼쿤 거 아니겠소?"

"그렇지. 물 얼쿤 거지. 어디 얼음이나 되나. 그게 일테면 얼쿠다 못 얼쿤 게로구려."

"그러니 얼쿤 거래야 새누깔만헌데루 물이 한 사발이나 들었을 거야? 그걸 숫제 이십 전을 물라는군!"

"이십 전! 딴은 과용이군."

"기가 안 막혀? 이십 전이면 물이 얼마야? 열 지게 아뇨? 물 스무 초롱 값을 내래 그저…… 그런 도적놈이 있담!"

"앗씨구리란 게 워낙 비싸긴 허대드군."

"그래 여름내 그 생각을 허구 온 집안이 물을 다 맘대루 못 먹었수……."

"변을 봤구려!"

또 한번은,

"의사란 것두 무당판수나 마찬가진거!"

"으째?"

"병을 안대니 그런 멀쩡헌 수작이 있담?"

"그러게 조화속이지."

"요지경속이 어떠우? 아, 무슨 수로 앓는 저두 모르는 걸 남의 속에서 솟은 걸 안대?"

"그렇긴 해! 무당 판수두 괜한 것 같지만 시월에 고사 한번 잘 지낼 거드군."

"그건 으째?"

"고사나 아님 우리네가 평생 떡맛 볼 테요?"

이런 노인들은 왕십리 어디서 산다는데 성북동 구석에를 해뜨기 전에 대어와서 해가 져 먹줄이 보이지 않아야 일손을 뗀다. 젊은이들처럼 재빠르진 못하나 꾸준하다. 남의 일 하는 사람들 같지 않게 독실하다. 그들의 연장은 날카롭게는 놀지 못한다. 그러나 마음내키는 대로 힘차겐 문지른다. 그들의 연장 자국은 무디나 미덥고, 자연스럽다. 이들의 손에서 제작되는 우리 집은 아무리 요새 시쳇時體집이라도 얼마쯤 날림끼는 적을 것을 은근히 기뻐하며 바란다.

낚시질

요즘은 스포츠가 발달됨에 따라 낚시질까지 거기 넣어서 야구나 골프와 동일 동석同日同席에서 말하는 것 같다.

이것은 스포츠의 그 타고난 쾌활한 성격의 사교일는지는 모르나 워낙 낚시질의 그윽한 맛은 육체적인 데보다는 정신적인 데 있는 것이다.

청산靑山이 앞에 솟았는데 그 밑으로 어떤 시내의 흐름이 둔덕이 편안하고 반석까지 있으니 걸음을 그 곳에 머뭇거린다.

고요한 선비 여기에 하루 터를 잡음은, 반드시 고기떼를 엿보는 때문만은 아니다.

물의 편안함, 물의 장한長閑함, 물의 유유함, 물의 맑음 — 그것들과 사귐에 있는 것이다.

다음엔 고기와 사귐이다. 고기를 잡음이 아니라 고기와 사귀는 재미가 낚시질의 재미인 것이다.

고기를 잡기는 잡는 것이로되, 총사냥과 같지 않다. 포수는 짐승의 비명을 들으면서도 쫓아가며 불질을 하여서 그예 피를 보고야 마는 것이로되 낚시질엔 그런 살기등등함이 없는 것이다.

물론 고기를 죽이는 것은 사실이다. 그러나 낚시는 총부리와 같이 달아나는 것을 쫓아가며 그의 급소를 겨누는 것은 아니다. 맑은 혹은 흐린 물 속에서 고기 그것이 먼저 와 다루는 대로 이끄는 것이며 이끌어내다가 떨어뜨리는 경우라도 입맛을 한번 다실 뿐이다. 그리고 고기는 노루나 호랑이처럼 비명을 하지 않는다. 꾸럼지에 끼여서나, 종댕이에 들어가서나 그들이 뻐르적거리는 것은 오직 보기 탐스러울 뿐, 조금도 처참한 동작으로는 보이지 않는 것이며 또 그의 죽음이 고요하고 잠들 듯함이 현인과 같아 차라리 생사일여生死一如의 경境에서 노닐 수 있는 것이다.

그러므로 낚시질은 스포츠의 유類가 아니며 다시 사냥의 유도 아닌 것이다. 낚시질은 지방따라 물따라 다르고 거기 용어까지도 모두 다를 것이다. 나는 큰 강에서는 살아보지 못했다. 하룻밤 비에도 물이 부쩍 늘었다 줄었다

하는 지도에는 그림도 이름도 없는 조그만 산골물에서 경험한 것이어서 내가 아는 낚시질 법이나 고기 이름도 자연 우리겟〔鐵原〕 산골물의 것임을 피避치 못한다.

내가 아는 낚시질엔 대개 세 가지가 있다.

떰벙이

장마가 져서 붉은 물이 나면 평상시면 돌 밑에만 엎드려 있던 메기, 뱀장어, 쏘가리 같은 것이 먹을 것을 쫓아 물이 미웅한 웅덩이로 나온다. 나오는 데도 낮에보다 밤에 더 잘 나옴으로 메기, 쏘가리, 뱀장어를 상대로 거기 적당한 낚시를 만들어 밤낚시질을 가는 것이다. 낚싯대는 길반쯤 되는 튼튼한 것으로 가는 물푸레도 좋다. 줄도 굵고 낚시도 크고 미끼는 용지렁이를 끼며 낚시 밑에는 밤톨만한 돌이나 납을 달아서 웅덩이에 담그는 것인데, 고기가 오면 아무리 가비얍게 주둥이를 건드려도 팽팽하게 켕겨든 줄과 대를 통하여 곧 손에 감전되는 것이니, 이것은 눈으로 보고 채이는 것이 아니라 손의 촉감으로써 '옳지 인제 물고 달아난다!' 하게 될 때, 곧은 낚시로 채는 것이다. 그러면 묵직하고 뻐르적거리며 나오는 것은 메기나 뱀장어가 아니면 쏘가리요 더러는 붕어도 물려나오는데 어쩌다 한 번씩은 뱀도 물리어 낚시째 집어 내던지는 수도 있다. 이 낚시는 물에 넣을 때마다 떰벙 소리가 난다고 '떰벙이'라 한다. 맑은 맛은 없고 반딧불 숲에 앉아 도깨비 이야기를 즐기는 재미다.

담금질

 이것은 대가 길고 줄이 가는 보통 낚시인데 한 군데 가서 자리를 잡고 담그고 앉아 고기가 다루기를 기다리는 것이다. 미끼는 물 따라 다르다. 물이 흐려 붕어가 있을 듯하면 지렁이, 물이 맑아 모래무지나, 마자나, 꺽지, 어름치 같은 것이 있을 듯하면 물미끼와, 새우, 된장가시 같은 것도 끼인다. 그리고 물은 상당히 깊으나 고기가 한 군데 모이지 않아 낚시를 담글 만한 자리가 없으면 자리를 만들어야 한다. 물이 제일 덜 흐르고 깊이가 젖가슴에 찰 만한 데로 찾아 들어가서 발로 바닥을 한 간 넓이만 하게 골라놓는 것이다. 돌멩이는 다 밀어내고 보드라운 모래로만 깔리게 해놓고는 가운데를 조금 오목스럼하게 파놓는다. 그리고는 다시 나와 진흙과 깻묵을 큰 주먹만

하게 한데 개어다가 자리친 가운데다 떨구고 가라앉으면 발로 꼭꼭 모랫바닥에 눌러놓고 나오는 것이다. 그러면 바닥이 아늑하고 보드랍고 게다가 깻묵 냄새가 진동함으로 천객만래千客萬來다. 그러나 어떤 경우엔 깻묵만 파먹고 낚시는 건드리지도 않는 수가 없지 않으니 그런 때는 그날은 다른 자리로 갔다가 다음날 그 자리로 찾아오면 그때는 고객이 너무 많아 바쁘게 되는 것이다. 수수깡 속으로 단 동댕이가 찌끗찌끗 들어가는 맛, 그런 때 이쪽 가슴의 뛰는 맛, 그러다 쑥 들어가기만 하면 실끝에 옥척玉尺이 늠실거림은 한여름내 유쾌한 전설이 된다. 동댕이가 까딱도 안 하는 때는 건너편 산에 자지러지는 메미 소리나 들으면서 도시에 남기고 온 그리운 사람의 생각도 괜찮은 것이다.

여울놀이

여울놀이는 장마가 들고 물이 줄어갈 때에, 그러나 평상시보다는 약 5할 가량 물살이 부풀 때 여울로만 다니면서 낚시를 흘리면서 날베리, 불거지 같은 여울고기를 잡는 것이다. 낚시는 대부터 경쾌한 것이라야 하고 줄도 가

늘고 낚시도 작은 것이다. 미끼는 파리가 제일이다.

  낚시질 중에 가장 잔재미가 있기는 이 여울놀이다. 첫째 물을 따라 자꾸 내려가니까 주위의 수석이 각각으로 변환되는 것이요 고기가 없을 듯한 옅은 여울에서 거구세린巨口細鱗이 번쩍거리며 물결을 치며 끌려나오는 것은 일종 요술과 같은 경이다. 긴 여름날, 좌우청산左右靑山으로 긴 흐름을 좇아 역시 인생을 흘리며 한오리 가냘픈 실낱에 은린銀鱗의 약동하는 탄력이란 육감치고는 선경仙境의 것이다.

고완 古翫

 어느 때나 웃자리가 어울리는 법은 아니다. 더러는 넌지시 말석에 물러섬도 겸양 이상 자기 화장自己化粧이 된다.
 우리 집엔 웃어른이 아니 계시다. 나는 때로 거만스러워진다. 오직 하나 나보다 나이 더 높은 것은, 아버님께서 쓰시던 연적硯滴이 있을 뿐이다. 저것이 아버님께서 쓰시던 것이거니 하고 고요한 자리에서 쳐다보면 말로만 들은, 글씨를 좋아하셨다는 아버님의 풍의風儀가 참먹 향기와 함께 자리에 풍기는 듯하다. 옷깃을 여미고 입정入定을 맛보는 것은 아버님이 손수 주시는 교훈이나 다름없다.
 얼마 동안이었는진 모르나 아버님과 한때 풍상風霜을

같이 받은 유품遺品이다. 그 몸이 어느 땅地 흙에 묻힐지 기약 없는 망명객의 생활, 생각하면, 바다도 얼어 파도 소리조차 적막하던 '블라디보스토크'의 겨울밤, 흉중엔 무한한無限恨인 채 임종하시고 만 아버님의 머리맡에는 몇 자루의 붓과 함께 저 연적이 놓였던 것은 어렸을 때 본 것이지만 조금도 몽롱한 기억은 아니다. 네 아버지 쓰던 것으로 이것 하나라고, 외조모님이 허리춤에 넣고 다니시면서 내가 크기를 기다리시던 것이 이 연적이다. 분원 사기分院砂器, 살이 담청淡靑인데 선홍 반점鮮紅斑點이 찍힌 천도형天桃形의 연적이다.

고인과 고락을 같이한 것이 어찌 내 선친의 한 개 문방구뿐이리오. 나는 차츰 모든 옛 사람들 물건을 존경하게 되었다. '휘트먼'의 노래에 "오 아름다운 여인이여 늙은 여인이여!" 한 구절이 가끔 떠오르거니와 찻종 하나, 술병 하나라도 그 모서리가 트고, 금간 데마다 배이고 번진 옛사람들의 생활의 때[垢]는 늙은 여인의 주름살보다는 오히려 황혼과 같은 아름다운 색조가 떠오르는 것이다.

조선시대 자기磁器도 차츰 고려자기만 못하지 않게 세계 애도계愛陶界에 새로운 인식을 주고 있거니와 특히 조선의 그릇들은 중국이나 일본 내지內地 것들처럼 상품으로 발달되지 않은 것이어서 도공들의 손은 숙련되었으나 마음들은 어린아이처럼 천진하였다. 손은 익고 마음은 무심하고 거기서 빚어진 그릇들은 인공이기보다 자연에 가까운 것들이다. 첫눈에 화려하지 않은 대신 얼마를 두고 보든 물려지지 않고 물려지지 않으니 정이 들고 정이 드니 말은 없되 소란騷亂한 눈과 마음이 여기에 이르런 서로 어루만짐을 받고, 옛날을 생각하게 하고 그래 영원한 긴 시간선時間線에 나서 호연浩然해 보게 하고 그러나 저만이 이쪽을 누르는 일 없이 얼마를 바라보든 오직 천진한 심경이 남을 뿐이다.

이적선李謫仙[이백]은 경정산敬亭山에 올라,

뭇새들은 높이높이 날아오르고	衆鳥高飛盡
외로운 구름 혼자서 한가로워라	孤雲獨去閑
언제까지 마주보고 있어도 서로 싫증나지 않는 것은	相看兩不厭
단지 경정산 뿐이라네	只有敬亭山

이라 읊었다. 새처럼 재재거리던 아이들은 다 잠든 듯, 아내마저 고운孤雲처럼 자기 침소로 돌아간 후, 그야말로 상간양불염相看兩不厭하여 저와 나와 한가지로 밤 깊는 줄 모르는 것이 이 고완품들이다.

시대가 오래다 해서만 귀하고 기교와 정력이 들었다 해서만 완상할 것은 못 된다. 옛물건의 옛물건다운 것은 그 옛사람들과 함께 생활한 자취를 지녔음에 그 덕윤德潤이 있는 것이다. 외국의 공예품들은 너무 지교至巧해서 손톱 자리나 가는 금 하나만 나더라도 벌써 병신이 된다. 비단옷을 입고 수족이 험한 사람처럼 생활의 자취가 남을수록 보기 싫어진다. 그러나 우리 조선시대의 공예품들은 워낙이 순박하게 타고나서 손때나 음식물에 쩔을수록 아름다워진다. 도자기만 그렇지 않다. 목공품 모든 것이 그렇다. 목침, 나막신, 반상飯床, 모두 생활 속에 들어와 사용자의 손때가 묻을수록 자꾸 아름다워지고 서적도, 요즘 양본洋本들은 새것을 사면 그날부터 더러워만지고 보기 싫어지는 운명뿐이나 조선책들은 어느 정도 손때에 쩔어야만 표지도 윤택해지고 책장도 부드럽게 넘어간다.

수일 전에 우연히 대혜보각사大慧普覺師의 〈서장書狀〉을 얻었다. 4백여 년 전인 가정년간嘉靖年間의 판으로 마침 내가 가장 숭앙하는 추사 김정희 선생이 보던 책이다. 그의 장인藏印이 남고 그의 친적親蹟인진 모르나 전권에 토가 달리고 군데군데 주역이 붙어 있다. 〈서장〉은 워낙 난해서로 한 줄을 제대로 음미할 수 없지만은 한참 들여다 보아야 책제冊題가 떠오르는 태고연太古然한 표지라든지 장을 번지며 선인들의 정독한 자취를 보는 것이나 또 일획 일자를 써서 사란絲欄을 쳐가며 칼을 갈아가며 새기기를 몇 달 혹은 몇 해를 해서 비로소 이 한 권 책이 되었을 것인가 생각하면 인쇄의 덕으로 오늘 우리들은 얼마나 버릇없이 된 글, 안 된 글을 함부로 박아 돌리는 것인가 하는, 일종 참회를 느끼지 않을 수 없는 것이다.

고완 취미를 돈 많은 사람이나 은자隱者의 도일渡日거리로만 보는 것은 속단이다. 금력으로 수집욕을 채우는 것은 오락에 불과한 것이요, 또 제 눈이 불급不及하는 것을 너무 탐내는 것도 허영이다. 직업적이어선 취미도 아니려니와 본대 상심낙사賞心樂事(완상하는 마음과 즐거운 일)란 무위無爲와 허욕과 더불어서는 경지를 같이 하지 않을 것이라 생각한다.

고완품古翫品과 생활

 무슨 물품이나 쓰지 못하게 된 것을 흔히 '골동품骨董品'이라 한다. 이런 농은 물품에뿐 아니라 사람에게도 쓴다. 현대와 원거리의 사람, 그의 고졸한 티를 사람들은 골동품이라 농한다. 골동이란 말은 마치 '무용無用', '무가치無價値'의 대용어같이 쓰인다. 그래 이 대용 개념은 가끔 골동품 그 자체뿐 아니라 골동에 애착하는 호고인 사인신好古人士人身에게까지 미친다. 골동을 벗하는 사람은 인간 그 자체가 현실적으로 무용, 무가치의 사람이란 관념, 적이 맹랑한 수작이 되어버린다.
 '골동骨董'이란 중국말인 것은 물론, '고동古董'이라고도 하는데 실은 '고동古銅'의 음전音轉이라 한다. 음편音便을 따라 번쩍하면 딴 자를 임의로 끌어다 맞추고, '무엇은 무엇으로 통한다' 식의 한문의 악습은 이 '고동古銅'에도 미쳐버렸다. '고古'자는 추사 같은 이도 얼마나 즐기어 쓴 여운 그윽한 글자임에 반해, '골骨'자란 얼마나 화장장에서나 추릴 수 있을 것 같은, 앙상한 죽음의 글자인가! 고완품들이 '골동', '골'자로 불리워지기 때문에 그들의 생명감이 얼마나 삭탈을 당하는지 모를 것이다. 말이란 대중의 소유라 임의로 고칠 수는 없겠지만 나는 될 수 있는 대로 '골동' 대신 '고완품'이라 쓰고 싶다.

요즘 '신식'에 멀미 난 사람들이 청년층에도 늘어간다. 이 일종 고전열古典熱은 고완품 가街에도 나타난다. 4,5년 전만 하여도 고완점에서 우리 젊은 패는 만나기가 힘들었다. 일세기나 쓴 듯한 퇴색한 '나까오리(모자)'를 벗어놓고는 으레 허리부터 휘어가지고, 돋보기를 꺼내 쓰고서야 물건을 보기 시작하는 노인들이 대부분이었다. 그런데 요즘은 양품점에서나 만나던 젊은 신사들을 고완점에서 만나기가 그리 어렵지 않다. 고완점을 매우 신선케 하는 좋은 기풍이다.

노인에게라고 생 예찬의 생활이 없다는 것은 아니나, 노인이 고기古器를 사는 것을 보면 어쩐지 상포喪布 흥정과 같은 우울을 맛보는 것이 사실이었다.

젊은 사람이 그야말로 완물상지玩物喪志(완물에 마음을 빼앗겨 뜻을 잃음)하는 것도 반성해야 할 것이다. 그렇지 않아도 각 방면으로 조로早老하는 동양인에게 있어서는 청년과 고완이란 오히려 경계할 필요부터 있을는지 모른다. 조선의 고완품이란 서화 이외의 것으로는 대체로 도자기, 그 중에도 조선 자기들이다. 약간의 문방구 이외에는 부녀자의 화장기구가 아니면 부엌세간이다. 찻종이나 술병 또는 부엌세간이다. 그런데 어느 호고인好古人치고 자기 방에 문방구뿐만은 아니다. 나물이나 전여를 담던 접시가 곧잘 벽에 걸리었고 조청이나 밀가루가 담기었던 항아리가 명서名書, 명화名畵 앞에 어엿이 정좌하여 있다. 인주갑印朱匣, 필세筆洗, 재떨이 같은 것도 분기粉器, 소금합, 시저통匙箸桶 따위가 환생하여 있다.

워낙이야 무엇의 용기였던 그의 신원, 계급을 캘 필요는 없다. 선인들의 생활을 오래 이바지하던 그릇으로 더불어 오늘 우리의 생활을 담아본다는 것은 그거야말로 고전이나 전통이란 것에 대한 가장 정당한 '해석'일는지 모른다. 그러나 부녀자의 세간살이를 이모저모 가려가며 사랑舍廊에 진열하는, 그 사랑 양반은 소심세경小心細徑에 빠지기 쉽다. 천하의 풍운아들이 보기에 좀스럽지 않을 수 없는 것이다. '酌酒賦詩相料理, 種花移石自殷勤' (술잔을 들고 시를 짓고 요리를 앞에 하니 / 꽃 심고 돌 하나 옮겨 놓는 것만으로도 마음이 은근하다)의 묘미에 빠져버리고 남음이 없기가 쉬운 것이다. 그림 하나를 옮겨 걸고, 빈 접시 하나를 바꿔놓고도 그것으로 며칠을 갇혀 넉넉히 즐길 수 있게 된다. 고요함과 가까움에 몰입되는 것이다. 호고인들의 성격상 극도의 근시적 일면이 생기기 쉬운 것도 이러한 연유다. 빈 접시요, 빈 병이다. 담긴 것은 떡이나 물이 아니라 정적과 허무다. 그것은 이미 그릇이라기보다 한 천지요 우주다. 남 보기에는 한낱 파기편명破器片皿에 불과하나 그 주인에게 있어서는 무궁한 산하요 장엄한 가람伽籃일 수 있다. 고완의 구극 경지도 여기겠지만, 주인 그 자신을 비실용적 인간으로 포로捕虜하는 것도 이 경지인 줄 알지 않으면 안 된다.

젊은 사람이 '현대'를 상실하는 것은 늙은 사람이 고완경古翫境을 영유領有치 못함만 차라리 같지 못하다.

노유老儒에게 있어 진적珍籍은, 오직 '소장所藏'이라는 것만으로도 명예의 유지가 된다. 그러나 젊은 학도에겐 《삼대목三代目》 같은 꿈의 진서珍書를 입수했다 치자. '소장'만으로는 차라리 불명예일 것이다. 고완의 경지만으로도, 물론 취미 중엔 상석이다. 그러나 '소장'만 일삼아선 오히려 과욕을 범한다. 완상玩賞도 어느 정도의 연구 비판이 없이는 수박 겉핥기라기보다, 그 기물器物의 정체를 못 찾고 늘 삿邪된 매력에만 끌릴 것이요 더욱 스스로 지기志氣를 저상沮喪하는 데 이르러는 여간 큰 해害가 아닐 것이다.

고전이라거나, 전통이란 것이 오직 보관되는 것만으로 그친다면 그것은 '죽음'이요 '무덤'일 것이다. 우리가 돈과 시간을 들여 자기의 서재를 묘지화시킬 필요는 없는 것이다.

청년층 지식인들이 도자陶磁를 수집하는 것은, 고서적을 수집하는 것과 같은 의미를 나타내야 할 것이다. 완상이나 소장욕에 그치지 않고, 미술품으로, 공예품으로 정당한 현대적 해석을 발견해서 고물古物 그것이 주검의 먼지를 털고 새로운 미와 새로운 생명의 불사조가 되게 해주어야 할 것이다. 거기에 정말 고완의 생활화가 있는 줄 안다.

인사

 중학 때 시골에서 있었던 일이다. 어느 할아버지 댁에 인사를 갔다. 할아버지께서는 아랫목 평상 위에 앉으시어 한 손엔 부채를 잡으시고 한 손으로는 수염 끝을 비비적거리고 계시었다. 나는 영외(미닫이틀 밖)에 선 채 가만히 절을 하였다. 그리고 가만히 나와버렸다.

 그 이튿날 그 댁 마당에서 그 할아버님을 뵈었다.

 "너 언제 왔느냐?"

 "어제 왔습니다."

 "이놈 내게 인사 오는 게 아니라……."

 나는 애매한 꾸지람을 들었다. 아마 어제 그 할아버님께서는 눈을 내려 뜨시고 무엇을 생각하시기에 골독하셨던 모양이시다.

전에 대원군께 어떤 시골 선비 하나가 찾아와 역시 장지 밖 윗방에서 절을 하였다. 하고나서 보니 대원군은 안석에 기댄 채 책에만 눈을 던지고 있을 뿐 감감하다. 선비 속으로 아마 못 보셨거니 하고 다시 절을 하였다. 그제 대원군은 선비의 간이 달랑할 만치 소리를 버럭 질렀다.

"그손 이게 무슨 해괴한 짓인고? 산 사람헌테 재배를 허다니 날 송장으로 본 셈인가?"

그러나 선비 얼른 대답이 용하였다.

"아니올시다, 먼젓절은 뵈옵는단 절이요 나중절은 물러간단 절이 올시다."

대원군은 고개를 끄덕이고 사람 하나 얻었음을 즐겨하였다.

그 전에는 불예례不禮禮가 있었다 한다. 추울 때 어른이 저쪽에서 나타나심을 보면 얼른 옆 골목에 숨어버린다는 것이다. 절을 하기가 귀찮아서가 아니라, 절을 받느라고 노상에서 한시라도 머무실 그 어른께 폐가 될 것과 찬바람 치는 데서 더구나 입을 열어 무슨 말씀까지 계시다면, 그 황송함을 이루 다 어찌하랴! 함에서다. 예의 극치일 것이다.

위당 정인보께서는 한 번 남대문통을 지나다가 어떤

노인을 만나더니 그만 들었던 책을 길 위에 놓고 그 얼었던 땅이 녹아 번지르르한 위에 덥석 엎드려 절을 하였다 한다. 나중에 동행이 물으니, 우리 선생님이시라 하였다 한다. 그리 오래지 않은 일이다. 자동차가 달리는 빌딩 앞에서의 이런 광경은 역시 그런 길 위에서 고려자기를 줍는 것 같은 경이가 아닐 것인가!

요즘 우리들이 항용하는 인사란 실로 개탄하여 마땅하리 만치 타락하였다. 서너 걸음 밖에서는 손이 제 모자로 간다. 모자를 벗는 듯 마는 듯 확실한 동작은 아니다. 모자의 손쉬운 어느 부분을 만지는 체하는 새에 서로 가까워지면 그 다음엔 상대편의 손을 얼른 가 잡는다. 잡는 것도 내 자신 가끔 반성하거니와 제법 무슨 규격이 없다. 손은 제 모자에서 하던 그저 그런 투다. 그나마 손이 모자에서 자신이 있어 저쪽의 손으로 달음질치는 것도 못 된다. 혹시 저쪽에서는 정분情分의 과부족간에 악수의 필요까지를 느끼지 않는지도 모른다. 쌍방이 다같이 그런 자세로 움칫거리기만 하다가 흐지부지 지나쳐버리는 수도 많고, 한쪽은 움칫거리던 손을 그에 내밀기까지 했으나, 저쪽에서 "그래 그간 재미 어떻슈?" 하는 말에 더 용의用意하였다가 우연히 아래를 보니 이편의 손이 나와 있어 "아!" 하는 감탄까지 발하며 그제야 손을 잡되, 새삼스레 분발해 흔들어대는 수도 있거니와, 좀 기민치 못하거나 다른 생각에 잠겨 가던 차라면 이쪽의 내어민 손을 뻔히 보면서도 그냥 지나치는 양반도 있고, 나중에야 손을 들었으나 먼저 내어밀은 쪽은 이미 손을 거두는 때라 겨우 어느 손가락 하나만이 붙들려 흔들려지는 수도 있으며 제일 우스운 것은, 때가 너무 늦어 손가락 하나조차 잡히지 않아 나중쪽 역시 손만 들었다가 그냥 놓아버리는, 뜻만 서로 보이다 마는 악수다.

악수란 제대로만 하면 인사 중에는 가장 '그 사람의 실감實感'을 주어 '좋은 인사'다. 맹인이라도 몽양夢陽 여운형 선생의 악수는, 악수만으로도 몽양 선생인 줄 알 것이다. 그분의 그 의욕적인데 반대로 피동적인 특색으로는 아마 민촌民村 이기영 같은 이도 맹인에게 능히 자기를 알리고도 남을 듯하다.

아무튼 악수의 개성성과 절의 비개성성에도 동서 문화의 상이점은 충분히 들어 있는 듯싶다.

스위스瑞西의 석학 하루디의 에세이 속에 손 이야기로 재미있던 구절이 생각나기로 찾아 여기 초역抄譯해 본다.

사람을 아는 데는 손이 제일이다. 근엄한 이의 자중自重하면서 내어미는 손, 사교계 부인의 매끈한 손길, 진실

미를 결缺한 이기주의자의 넣기를 위주로 하는 손, 신경쇠약자의 눅눅하고 싸늘한 손, 일에는 게으르나 손치장만 하는 사람의 손, 험한 노동계급의 일에 거칠어진 손, 모든 손들은 때로는 입보다 아니, 눈보다도 그들을 여실히 설명하는 것이다. 가장 즐거운 것은 천진하게 마음 속에서부터 이쪽을 신뢰하며 쏠리도록 내어미는 어린이의 손이다. 이것은 마치 동물의 앞발과 같아 전적으로 친애의 표시기 때문이다. 이와 반대로 호들갑스럽게 꾸민다든지, 팔을 온통 벌린다든지, 혹은 점잔을 빼는 악수, 두 손을 한꺼번에 내민다든지, 손을 야단스럽게 흔든다든지, 혹은 손을 오래 잡고 놓지 않는다든지 하는 것들은 항상 이쪽에 무슨 인상을 주려는 의도가 있지 않은가 다소 의심스러운 것이다.

무서록

초판 1쇄 발행 / 1993년 3월 30일
2판 1쇄 발행 1993년 12월 10일 / 2판 4쇄 발행 1999년 2월 20일
3판 1쇄 발행 1999년 12월 15일 / 4판 1쇄 발행 2010년 5월 10일
4판 4쇄 발행 2020년 9월 20일

지은이 이 태 준
펴낸이 윤 형 두
펴낸데 종합출판 범우(주)

2004년 1월 6일 등록 제 406-2004-000012호
(10881) 경기도 파주시 광인사길 9-13 (문발동 525-2)
전화 : 031-955-6900~4, 팩스 : 031-955-6905

(인터넷) www.bumwoosa.co.kr
(이메일) bumwoosa1966@naver.com

* 잘못된 책은 바꾸어 드립니다.
* 값은 뒤표지에 있습니다.

ISBN 978-89-6365-032-6 03810

범우비평판 세계문학선

범우 비평판 세계문학선이
체계화·고급화를 지향하며
새롭게 다시 태어나고
있습니다.
작가별로 고유번호를
부여하고 완벽하게 보완해
권위와 전문성을 높이고,
미려한 장정으로
정상의 자존심을
지켜나갈 것입니다.

(전책 새로운 편집·장정,
크라운 변형판)

❶ **토마스 불핀치** 1-1 **그리스·로마신화** 최혁순 값 8,000원
   1-2 **원탁의 기사** 한영환 값 10,000원
   1-3 **샤를마뉴 황제의 전설** 이성규 값 8,000원

❷ **F. 도스토예프스키** 2-1,2 **죄와 벌 (상)(하)** 이철(외대 노어과 교수) 각권 7,000원
   2-3,4,5 **카라마조프의 형제 (상)(중)(하)**
      김학수(전 고려대 교수) 값 7,000~9,000원
   2-6,7,8 **백치 (상)(중)(하)** 박형규(고려대 교수) 각권 7,000원
   2-9,10 **악령 (상)(하)** 이철(외대 노어과 교수) 각권 9,000원

❸ **W.셰익스피어** 3-1 **셰익스피어 4대 비극** 이태주(단국대 교수) 값 9,000원
   3-2 **셰익스피어 4대 희극** 이태주(단국대 교수) 값 9,000원

❹ **T. 하디** 4-1 **테스** 김회진(서울시립대 영문과 교수) 값 8,000원

❺ **호메로스** 5-1 **일리아스** 유영(연세대 명예교수) 값 9,000원
   5-2 **오디세이아** 유영(연세대 명예교수) 값 8,000원

❻ **밀턴** 6-1 **실낙원** 이창배(동국대 교수·영문학 박사) 값 9,000원

❼ **L. 톨스토이** 7-1,2 **부활 (상)(하)** 이철(외대 노어과 교수) 각권 7,000원
   7-3,4 **안나 카레니나 (상)(하)** 이철(외대 노어과 교수) 각권 10,000원
   7-5,6,7,8 **전쟁과 평화 1.2.3.4**
      박형규(전 고려대 노어과 교수) 각권 9,000원

❽ **T. 만** 8-1 **마의 산 (상)** 홍경호(한양대 독문과 교수) 값 9,000원
   8-2 **마의 산 (하)** 홍경호(한양대 독문과 교수) 값 10,000원

❾ **제임스 조이스** 9-1 **더블린 사람들·비평문** 김종건(고려대 교수) 값 10,000원
   9-2,3,4,5 **율리시즈 1.2.3.4** 김종건(고려대 교수) 각권 10,000원
   9-6 **젊은 예술가의 초상** 김종건(고려대 교수) 값 10,000원

❿ **생 텍쥐페리** 10-1 **전시조종사·어린왕자(외)** 염기용·조규철·이정림 값 8,000원
   10-2 **젊은이의 편지(외)** 조규철·이정림 값 7,000원
   10-3 **인생의 의미(외)** 조규철 값 7,000원
   10-4,5 **성채(상)(하)** 염기용 값 8,000원
   10-6 **야간비행(외)** 전채린·신경자 값 8,000원

⓫ **단테** 11-1,2 **신곡(상)(하)** 최현 값 9,000원

⓬ **J. W. 괴테** 12-1,2 **파우스트(상)(하)** 박환덕(서울대 독문과 교수) 각권 7,000원

⓭ **J. 오스틴** 13-1 **오만과 편견** 오화섭(전 연세대 영문과 교수) 값 9,000원

⓮ **V. 위고** 14-1,2,3,4,5 **레미제라블 1 2 3 4 5**
      방곤(경희대 불문과 교수) 각권 8,000원

⓯ **임어당** 15-1 **생활의 발견** 김병철(중앙대 명예교수·문학박사) 값 12,000원

⓰ **루이제 린저** 16-1 **생의 한가운데** 강두식(서울대 교수) 값 7,000원

⓱ **게르만 서사시** 17 **니벨룽겐의 노래** 허창운(서울대 교수) 값 13,000원

⓲ **E. 헤밍웨이** 18-1 **누구를 위하여 종은 울리나** 김병철(중앙대 명예교수) 값 10,000원

⓳ **F. 카프카** 19-1 **城** 박환덕(서울대 독문과 교수) 값 9,000원
   19-2 **변신·유형지에서(외)** 박환덕(서울대 독문과 교수) 값 9,000원
   19-3 **심판** 박환덕(서울대 독문과 교수) 값 9,000원
   19-4 **실종자** 박환덕(서울대 독문과 교수) 값 9,000원

⓴ **에밀리 브론테** 20-1 **폭풍의 언덕** 안동민 값 8,000원

㉑ 마가렛 미첼 21-1, 2, 3 **바람과 함께 사라지다(상)(중)(하)**
  송관식·이병규 각권 9,000원
㉒ 스탕달 22-1 **적과 흑** 김봉구 값 10,000원
㉓ B. 파스테르나크 23-1 **닥터 지바고** 오재국(전 육사교수) 값 10,000원
㉔ 마크 트웨인 24-1 **톰 소여의 모험** 김병철(중앙대 명예교수·문학박사) 값 7,000원
  24-2 **허클베리 핀의 모험** 김병철(중앙대 명예교수) 값 9,000원
㉕ 조지 오웰 25-1 **동물농장·1984년** 김회진(서울시립대 영문과 교수) 값 10,000원
㉖ 존 스타인벡 26-1, 2 **분노의 포도(상)(하)** 전형기(한양대 영문학과 교수) 각권 7,000원
  26-3, 4 **에덴의 동쪽(상)(하)**
  이성호(한양대 영문학과 교수) 각권 9,000~10,000원
㉗ 우나무노 27-1 **안개** 김현창(서울대 서어 서문학과 교수) 값 6,000원
㉘ C. 브론테 28-1·2 **제인에어(상)(하)** 배영원 각권 8,000원
㉙ 헤르만 헤세 29-1 **知와 사랑·싯다르타** 홍경호 각권 9,000원
  29-2 **데미안·크눌프·로스할데**
  홍경호(한양대 교수·문학박사) 값 9,000원
  29-3 **페터 카멘친트·게르트루트** 박환덕(서울대 교수) 값 9,000원
  29-4 **유리알 유희** 박환덕(서울대 교수) 값 12,000원
㉚ 알베르 카뮈 30-1 **페스트·이방인** 방 곤(전 경희대 불문과 교수) 값 9,000원
㉛ 올더스 헉슬리 31-1 **멋진 신세계(외)** 이성규·허정애 값 10,000원
㉜ 기 드 모파상 32-1 **여자의 일생·단편선** 이정림(번역문학가) 값 9,000원
㉝ 투르게네프 33-1 **아버지와 아들** 이철(외대 노어과 교수) 값 9,000원
  33-2 **처녀지·루딘** 김학수(전 고려대 노어노문학 교수) 값 10,000원
㉞ 이미륵 34-1 **압록강은 흐른다(외)** 정규화(독문학 박사·성신여대 교수) 값 10,000원
㉟ 디어도어 드라이저 35-1 **시스터 캐리** 전형기(한양대 영문학과 교수) 값 12,000원
  35-2, 3 **미국의 비극(상)(하)**
  김병철(중앙대 명예교수·영문학) 각권 9,000원
㊱ 세르반떼스 36-1 **돈 끼호떼** 김현창(서울대 서어 서문학과 교수) 값 12,000원
  36-2 **(속)돈 끼호떼** 김현창(서울대 서어 서문학과 교수) 값 13,000원
㊲ 나쓰메 소세키 37-1 **마음·그 후** 서석연(경성대 명예교수) 값 12,000원
㊳ 플루타르코스 38-1~8 **플루타크 영웅전 1·2·3·4·5·6·7·8**
  김병철(중앙대 명예교수·영문학) 각권 8,000원

범우비평판 세계문학선

범우 비평판 세계문학선은 수많은 국외작가의 역량이 총결집된 양식의 보고(寶庫)입니다. 대학입시생에게는 논리적 사고를 길러주고 대학생에게는 사회진출의 길을 열어주며, 일반 독자에게는 생활의 지혜를 듬뿍 심어주는 문학시리즈로서 이제 명실공히 세계문학의 선봉으로 우뚝 섰습니다.

산과 바다와 여행길에
범우문고
2,800 ~ 3,900원

범우문고는 환경보호를 위해
재생지를 사용하고 있습니다.

▶전국 서점에서 낱권으로 판매합니다
▶계속 출간됩니다

* 범우문고가 받은 상

제1회 독서대상(1978), 한국출판문화상1981), 국립중앙도서관 추천도서(1982), 출판협회 청소년도서(1985), 새마을고용 선정도서(1985), 중고교생 독서권장도서(1985), 사랑의 책보내기 선정도서(1986), 문화공보부 추천도서(1989), 서울시립 남산도서관 권장도서(1990), 교보문고 선정 독서권장도서(1994), 한우리독서운동본부 권장도서(1996), 문화관광부 추천도서(1998), 문화관광부 책읽기운동 추천도서(2002)

1 수필 피천득
2 무소유 법정
3 바다의 침묵(외) 베르코르/조규철·이정림
4 살며 생각하며 미우라 아야코/진웅기
5 오, 고독이여 F.니체/최혁순
6 어린 왕자 A.생 텍쥐페리/이정림
7 톨스토이 인생론 L.톨스토이/박형규
8 이 조용한 시간에 김우종
9 시지프의 신화 A.카뮈/이정림
10 목마른 계절 전혜린
11 젊은이여 인생을… A.모로아/방곤
12 채근담 홍자성/최현
13 무진기행 김승옥
14 공자의 생애 최현 엮음
15 고독한 당신을 위하여 L.린저/곽복록
16 김소월 시집 김소월
17 장자 장자/허세욱
18 예언자 K.지브란/유제하
19 윤동주 시집 윤동주
20 명정 40년 변영로
21 산사에 심은 뜻은 이청담
22 날개 이상
23 메밀꽃 필 무렵 이효석
24 애정은 기도처럼 이영도
25 이브의 천형 김남조
26 탈무드 M.토케이어/정진태
27 노자도덕경 노자/황병국
28 갈매기의 꿈 R바크/김진욱
29 우정론 A.보나르/이정림
30 명상록 M.아우렐리우스/최현
31 젊은 여성을 위한 인생론 펄벅/김진욱
32 B사감과 러브레터 현진건
33 조병화 시집 조병화

34 느티의 일월 모윤숙
35 로렌스의 성과 사랑 D.H.로렌스/이성호
36 박인환 시집 박인환
37 모래톱 이야기 김정한
38 창문 김태길
39 방랑 H.헤세/홍경호
40 손자병법 손무/황병국
41 소설·알렉산드리아 이병주
42 전락 A.카뮈/이정림
43 사노라면 잊을 날이 윤형두
44 김삿갓 시집 김병호/황병국
45 소크라테스의 변명(외) 플라톤/최현
46 서정주 시집 서정주
47 사람은 무엇으로 사는가 L.톨스토이/김진욱
48 불가능은 없다 R.슐러/박호순
49 바다의 선물 A.린드버그/신상웅
50 잠 못 이루는 밤을 위하여 C.힐티/홍경호
51 딸깍발이 이희승
52 몽테뉴 수상록 M.몽테뉴/손석린
53 박재삼 시집 박재삼
54 노인과 바다 E.헤밍웨이/김회진
55 향연·뤼시스 플라톤/최현
56 젊은 시인에게 보내는 편지 R.릴케/홍경호
57 피천득 시집 피천득
58 아버지의 뒷모습(외) 주자청(외)/허세욱(외)
59 현대의 신 F.쿠치카(편)/진철승
60 별·마지막 수업 A.도데/정봉구
61 인생의 선용 J.러보크/한영환
62 브람스를 좋아하세요… F.사강/이정림
63 이동주 시집 이동주
64 고독한 산보자의 꿈 J.루소/염기용
65 파이돈 플라톤/최현
66 백장미의 수기 I.숄/홍경호

67 소년 시절 H.헤세/홍경호
68 어떤 사람이기에 김동길
69 가난한 밤의 산책 C.힐티/송영택
70 근원수필 김용준
71 이방인 A.카뮈/이정림
72 롱펠로 시집 H.롱펠로/윤삼하
73 명사십리 한용운
74 왼손잡이 여인 P.한트케/홍경호
75 시민의 반항 H.소로/황문수
76 민중조선사 전석담
77 동문서답 조지훈
78 프로타고라스 플라톤/최현
79 표본실의 청개구리 염상섭
80 문주반생기 양주동
81 신조선혁명론 박열/서석연
82 조선과 예술 야나기 무네요시/박재삼
83 중국혁명론 모택동(외)/박광종 엮음
84 탈출기 최서해
85 바보네 가게 박연구
86 도왜실기 김구/엄항섭 엮음
87 슬픔이여 안녕 F.사강/이정림·방곤
88 공산당 선언 K.마르크스·F.엥겔스/서석연
89 조선문학사 이명선
90 권태 이상
91 내 마음속의 그들 한승헌
92 노동자강령 F.라살레/서석연
93 장씨 일가 유주현
94 백설부 김진섭
95 에코스파즘 A.토플러/김진욱
96 가난한 농민에게 바란다 N.레닌/이정일
97 고리키 단편선 M.고리키/김영국
98 러시아의 조선침략사 송정환
99 기재기이 신광한/박헌순

100 홍경래전 이명선	156 무병장생 건강법 배기성 엮음	211 조선해학 파수록 부묵자/박훤
101 인간만사 새옹지마 리영희	157 조선위인전 신채호	212 용재총화 성현/정종진
102 청춘을 불사르고 김일엽	158 정감록비결 편집부 엮음	213 한국의 가을 박대인
103 모범경작생(외) 박영준	159 유태인 상술 후지다 덴/진웅기	214 남원의 향기 최승범
104 방망이 깎던 노인 윤오영	160 동물농장 조지 오웰/김회진	215 다듬이 소리 채만식
105 찰스 램 수필선 C.램/양병석	161 신록 예찬 이양하	216 부모 은중경 안춘근
106 구도자 고은	162 진도 아리랑 박병훈·김연갑	217 거룩한 본능 김규련
107 표해록 장한철/정병욱	163 책이 좋아 책하고 사네 윤형두	218 연주회 다음 날 우치다 햣켄/문희정
108 월광곡 흥난파	164 속담에세이 박연구	219 갑사로 가는 길 이상보
109 무서록 이태준	165 중국의 신화(후편) 장기근	220 공상에서 과학으로 엥겔스/박광순
110 나생문(외) 아쿠타가와 류노스케/진웅기	166 중국인의 에로스 장기근	221 인도기행 H. 헤세/박환덕
111 해변의 시 김동석	167 귀여운 여인(외) A.체호프/박형규	222 신화 이주홍
112 발자크와 스탕달의 예술논쟁 김진욱	168 아리스토파네스 희곡선 아리스토파네스/최현	223 게르마니아 타키투스/박광순
113 파한집 이인로/이상보	169 세네카 희곡선 세네카/최 현	224 김강사와 T교수 유진오
114 역사소품 곽말약/김승일	170 테렌티우스 희곡선 테렌티우스/최 현	225 금강산 애화기 곽말약/김승일
115 체스·아내의 불안 S.츠바이크/오영옥	171 외투·코 고골리/김영국	226 십자가의 증언 강원룡
116 복덕방 이태준	172 카르멘 메리메/김진욱	227 아네모네의 마담 주요섭
117 실천론(외) 모택동/김승일	173 방법서설 데카르트/김진욱	228 병풍에 그린 닭이 계용묵
118 순오지 홍만종/전규태	174 페이터의 산문 페이터/이성호	229 조선책략 황준헌/김승일
119 직업으로서의 학문·정치 M.베버/김진욱(외)	175 이해사회학의 카테고리 막스 베버/김진욱	230 시간의 빈터에서 김열규
120 요재지이 포송령/진기환	176 러셀의 수상록 러셀/이성규	231 밖에서 본 자화상 한완상
121 한설야 단편선 한설야	177 속악유희 최영년/황순구	232 잃어버린 동화 박문하
122 쇼펜하우어 수상록 쇼펜하우어/최혁순	178 권리를 위한 투쟁 R. 예링/심윤종	233 붉은 고양이 루이제 린저/홍경호
123 유태인의 성공법 M.토케이어/진웅기	179 돌과의 문답 이규보/장덕순	234 봄은 어느 곳에 심훈(외)
124 레디메이드 인생 채만식	180 성황당(외) 정비석	235 청춘예찬 민태원
125 인물 삼국지 모리야 히로시/김승일	181 양쯔강(외) 펄 벅/김병걸	236 낙엽을 태우면서 이효석
126 한글 명심보감 장기근 옮김	182 봄의 수상(외) 조지 기싱/이창배	237 알랭어록 알랭/정봉구
127 조선문화사서설 모리스 쿠랑/김수경	183 아미엘 일기 아미엘/민희식	238 기다리는 마음 송규호
128 역옹패설 이제현/이상보	184 예언자의 집에서 토마스 만/박환덕	239 난중일기 이순신/이민수
129 문장강화 이태준	185 모자철학 가드너/이창배	240 동양의 달 차주환
130 중용·대학 차주환	186 짝 잃은 거위를 곡하노라 오상순	241 경세종(외) 김필수(외)
131 조선미술사연구 윤희순	187 무하선생 방랑기 김상용	242 독서와 인생 미키 기요시/최현
132 옥중기 오스카 와일드/임현영	188 어느 시인의 고백 릴케/송영택	243 콜롬바 메리메/송태효
133 유태인식 돈벌이 후지다 덴/지방훈	189 한국의 멋 윤태림	244 목축기 안수길
134 가난한 농부의 행복 김소운	190 자연과 인생 도쿠토미 로카/진웅기	245 허허선생 남정현
135 세계의 기적 박광순	191 태양의 계절 이시하라 신타로/고명국	246 비늘 윤흥길
136 이퇴계의 활인심방 정숙	192 애서광 이야기 구스타브 플로베르/이민정	247 미켈란젤로의 생애 로맹 롤랑/이정림
137 카네기 처세술 데일 카네기/전민식	193 명심보감의 명구 191 이용백	248 산딸기 노천명
138 요로원야화기 이 씨/유춘동	194 아큐정전 루쉰/하세욱	249 상식론 토머스 페인/박광순
139 푸슈킨 산문 소설집 푸슈킨/김영국	195 촛불 신석정	250 베토벤의 생애 로맹 롤랑/이정림
140 삼국지의 지혜 황의백	196 인간제대 추식	251 얼굴 조경희
141 슬견설 이규보/장덕순	197 고향산수 마해송	252 장사의 꿈 황석영
142 보리 한흑구	198 아랑의 정조 박종화	253 임금 노동과 자본 카를 마르크스/박광순
143 에머슨 수상록 에머슨/윤삼하	199 지사총 조선작	254 붉은 산 김동인
144 이사도라 덩컨의 무용에세이 I.덩컨/최혁순	200 홍동백서 이어령	255 낙동강 조명희
145 북학의 박제가/김승일	201 유령의 집 최인호	256 호반·대학시절 T.슈토름/홍경호
146 두뇌혁명 T.R.블래슬리/최현	202 목련초 오정희	257 맥 김남천
147 베이컨 수상록 베이컨/최혁순	203 친구 송영	258 지하촌 강경애
148 동백꽃 김유정	204 쫓겨난 이담 유치환	259 설국 가와바타 야스나리/김진욱
149 하루 24시간 어떻게 살 것인가 A.베넷/이은순	205 카마수트라 바스야아나/송미영	260 생명의 계단 김교신
150 평민한문학사 허경진	206 한 가닥 공상 밀른/공덕룡	261 법창으로 보는 세계명작 한승헌
151 정선아리랑 김병하·김연갑 공편	207 사랑의 샘가에서 우치무라 간조/최현	262 톨스토이의 생애 로맹 롤랑/이정림
152 독서요법 황의백 엮음	208 황무지 공원에서 유달영	263 자본론 레닌/김승일
153 나는 왜 기독교인이 아닌가 B.러셀/이재황	209 산정무한 정비석	
154 조선사 연구(草) 신채호	210 조선해학 어수록 장한종/박훤	
155 중국의 신화 장기근		

www.bumwoosa.co.kr TEL 031)955-6900 범우사